Die Macht der Metaphern

The Conscious Use of Metaphor in Outward Bound

Stephen Bacon

Übersetzt und eingeleitet von Cornelia Schödlbauer

mit einem Vorwort von Christian Itin

PRAKTISCHE ERLEBNISPÄDAGOGIK

vormals Fachverlag Dr. Sandmann

Wichtiger Hinweis des Verlages: Der Verlag hat sich bemüht, die Copyright-Inhaber aller ver-
wendeten Zitate, Texte, Bilder, Abbildungen und Illustrationen zu ermitteln. Leider gelang dies nicht
in allen Fällen. Sollten wir jemanden übergangen haben, so bitten wir die Copyright-Inhaber, sich
mit uns in Verbindung zu setzen.

Bibliografische Information Der Deutschen Bibliothek
Die Deutsche Bibliothek verzeichnet diese Publikation in der Deutschen Nationalbibliografie; detaillierte bibliografische Daten sind im Internet über *http://dnb.ddb.de* abrufbar.

ISBN 3-934 214-94-0

Verlag	ZIEL – Zentrum für interdisziplinäres erfahrungsorientiertes Lernen GmbH
	Neuburger Straße 77, 86167 Augsburg
	2. überarbeitete Auflage 2003
Grafik und	Petra Hammerschmidt, **alex media GbR**
Layoutgestaltung	Heilig-Kreuz-Straße 24, 86152 Augsburg
Fotonachweis	Dr. Jürgen Sandmann
Druck und	Kessler Verlagsdruckerei
buchbinderische	Michael-Schäffer-Straße 1
Verarbeitung	86399 Bobingen

Gedruckt auf Recystar matt (100% Altpapier, "Blauer Engel")

Die Macht der Metaphern

VORWORT ZUR
ZWEITEN AUFLAGE

Fünf Jahre nach seinem Erscheinen auf Deutsch wird „Die Macht der Metaphern" neu aufgelegt. Dies lässt sich als unmissverständlicher Beleg dafür lesen, dass das metaphorische Lernen die erlebnispädagogische Landschaft in nachdrücklicher Weise imprägniert und verändert hat.

Noch immer fasziniert Bacons Konzept des metaphorischen Lernens als Versuch, zwei so unterschiedliche Ansätze wie die Konstruktion isomorpher Settings einerseits und die Manifestation der Archetypen in der Natur andererseits miteinander zu amalgamieren. Die erlebnispädagogische Praxis hatte die Baconsche Emulsion allerdings längst wieder einer chemischen Zersetzung unterzogen. Es sind im deutschsprachigen Raum in erster Linie die wirtschaftsorientierten Outdoor Trainings, die sich von der Arbeit mit konstruierten isomorphen Settings im Stile von Simon Priest und Mike Gass gewisse Gewährleistungen für den eingeforderten Transfer erhoffen. Einige andere europäische Protagonisten wie Martin Schwiersch, Chris Loynes oder die Wildnisschule, Schweiz setzen dagegen zunehmend auf die Arbeit mit Mythen und Archetypen. Hier wird Persönlichkeitsentwicklung zu einem menschheitlichen Projekt, das ohne spirituelle Dimension nicht auskommen kann.

Was ist in der Zwischenzeit in der Theoriebildung geschehen? In jeder Hinsicht: eine Menge. Mittlerweile sollte jeder Erlebnispädagoge und jede Erlebnispädagogin verstanden haben, dass es mit Metaphern nicht so einfach wie mit Nutella ist: nicht überall, wo Metapher draufsteht, ist auch Metapher drin. Über 2000 Jahre Begriffsgeschichte - die Metapher ist ein schillernder, vielsagender, uneindeutiger Begriff, der sich nicht zurechtdefinieren lässt. Der Internationale Kongress „erleben und lernen", der 1998 zum Thema stattfand[1], versammelte höchst unterschiedliche Auffassungen bei Praktikern wie Theoretikern.

Eine Stimme, die man mit dem Begriff des offenen metaphorischen Lernens benennen kann, lässt einen spezifisch europäischen Ton hören. Sie wird besonders akzentuiert durch den Belgier Johan Hovelynck[2], durch Rüdiger Gilsdorf und durch einige meiner eigenen Beiträge[3]. Entgegen der Auffassung, die sich von konstruierten Metaphern größtmögliche Effektivität der Kurse erhofft, wird beim offenen metaphorischen Lernen davon ausgegangen, dass die Konstruktionen der Trainer/innen oft genug dem eigentlichen

Lernprozess geradezu im Wege stehen. Vielmehr muss es darum gehen, die Bilder, Metaphern und Glaubenssätze, mit denen die Teilnehmenden ihren Wahrnehmungen und Lebensäußerungen Sinn verleihen, überhaupt erst zu Tage zu fördern. Es gilt demnach, Lernfelder weit und offen zu machen, anstelle sie durch Konstruktionen vorzudefinieren, zu fokussieren und eng zu machen. Es gehört zu den erlebnispädagogischen Urintuitionen und Grundsätzen, dass Lernen emanzipatorisch und selbstgesteuert sein soll. Doch ist es das noch, wenn die Teilnehmer gerade noch die Eier finden dürfen, die die Kursleiter vorher kunstsinnig versteckt haben?

Den aktuellen Stand könnte man in der folgenden Übersicht kurz zusammenfassen:

Metaphorische Lehr-Lernmodelle

Trainerzentrierte Metaphern

- rhetorischer Metaphernbegriff
- direktives Lehrmodell
- Kurs als Abbild des Alltags
- Akzent auf Transfer
- Konsens als Basis

Archetypisches Lernen

- Archetypen
- Universalismus, Antihistorismus
- Initiation als Strukturmodell
- Rituale
- Wechselseitiges Lehren und Lernen
- Natur und Mythen als Basis

Offenes metaphorisches Lernen

- pluraler Metaphernbegriff
- teilnehmerzentrierte Metaphern
- Orientierung an Individualität
- offenes Lernfeld schaffen
- Metaphern: historisch, sozial, kulturell bedingt
- Ästhetik der Metaphern würdigen
- Achtung möglichen Widerstreits als Basis

Mein eigener Ansatz hat sich nach Jahren der Beschäftigung mit dem Themenkreis des metaphorischen Lernens ebenfalls präzisiert. Für mich ist offenes metaphorisches Lernen ästhetisch durchgefärbt. Das schlägt sich unmittelbar im methodischen Repertoire nieder. Die Metapher fällt nicht umsonst in den geistigen Herrschaftsbereich der Ästhetik. Von hier aus kann metaphorisches Lernen befruchtet werden: ob dies bei einem Projekt Schnee-kunst stattfindet, bei dem junge Männer gigantische Schnee-Eier in einen nicht minder gigantischen „Adlerhorst" platzieren, ob dies bei einer Malaktion geschieht, bei der eine Höhlenperspektive die verschiedenen Sichtweisen der Teilnehmenden offenbart, oder ob es sich dabei um Steve Bowles` kurios anmutende Idee handelt, dass die Jugendlichen sich die Landkarte um ihren Standort herum durch das Singen eines selbstgedichteten Lieds erschließen - „singing the map". Immer geht es darum, dass die Teilnehmerinnen und Teilnehmer in einem offenen Lernraum dazu angeregt werden, sich mit ihren Metaphern auseinanderzusetzen. Mit den Metaphern, von denen sie leben. Und mit den Metaphern, mit denen sie künftig leben wollen.

1 Schödlbauer, C. et al. (Hrsg.): Metaphern - Schnellstraßen, Saumpfade und Sackgassen des Lernens", Augsburg 1999
2 Hovelynck J.: A Dutch reading of the metaphoric model. In: Frank L. (ed.): Seeds for change: AEE 23rd international conference proceedings. AEE, Boulder 1995
Hovelynck, J.: Handlungstheorien erkennen und entwickeln - Ein theoretischer Unterbau zum Workshop. (Übs. C. Schödlbauer) In: erleben & lernen e&l 3&4 1999, S. 42-50 (Hovelynck 1999a)
Hovelynck, J.: Erfahrungslernen und Erlebnispädagogik als Prozeß der Metaphernentwicklung. In: Schödlbauer, C. et al. (Hrsg.): Metaphern - Schnellstraßen, Saumpfade und Sackgassen des Lernens. Augsburg 1999, S. 192-207 (Hovelynck 1999b)
3 Schödlbauer, C.: Metaphorisches Lernen in erlebnispädagogischen Szenarien. Eine Unter-suchung über handlungsorientierte Lehr-Lern-Prozesse. Hamburg 2000

Einleitung

Ob uns das angenehm ist, oder nicht: wir leben im Zeitalter der Postmoderne. Von den einen geschmäht als „neue Unübersichtlichkeit" und universelle Beliebigkeit, von den anderen gerühmt als freies Spiel mit den Archiven der Stile, Moden und Techniken, ist sie längst kein akademisches Thema elitärer Zirkel mehr, sondern unser aller Lebensrealität. Sie ist auch Lebensrealität der Erlebnispädagogen. Nicht nur die erlebnispädagogischen Handlungsformen und Medien haben sich verändert und neues Terrain für sich reklamiert: Kaum jemand beschränkt sich noch auf Bergwandern, Klettern und Kuttersegeln. Dafür sorgen schon die Nachfragen der Kundschaft. Doch auch im Bereich der sogenannten „soft skills" steht ein Fülle differenzierter Werkzeuge zur Verfügung. Diese Instrumente, die zumeist im komplexeren Gesamtrahmen eines umfassenden Wirkungsmodells dargestellt und verstanden werden müssen, entwickelten sich im Verlauf einer Praxis, der die Theoriebildung immer etwas hinterherhinkte. Unter dem Schlagwort „The mountains speak for themselves" waren die Pioniere von der ursprünglichen und unvermittelten Wirkungsmächtigkeit der Natur überzeugt. Die allmählich das erlebnispädagogische Arbeitsfeld durchsetzenden Psychologen und Pädagogen etablierten dann Reflexionsmodelle unterschiedlicher Ausprägung und Genese. Und seit einiger Zeit gilt das „metaphorische Lernen", für das Stephen Bacon mit seinem Buch Pate steht, als „state of the art". Während sich die „klassischen Modernisten" unter den Erlebnispädagogen einem „Stil" verschrieben haben und hauptsächlich die Methoden eines Transfermodells praktizieren, instrumentieren die „Postmodernisten" dieser Gilde die Techniken und Methoden, wie sie und ihre Teilnehmer „es brauchen". So gesehen löst sich eine historische Abfolge der Wirkungsmodelle, wie man sie noch allerorten propagiert, in einer durchaus produktiven Praxis der Gleichzeitigkeit auf.

Dennoch: Das metaphorische Lernen ist ohne jeden Zweifel die derzeit aktuellste und innovativste Transfertheorie. Sie ist überall im Gespräch, Facharbeitsgruppen versuchen ihr in der Praxis der Jugendarbeit Leben einzuhauchen [1], 1998 findet ein Kongreß zum Thema statt [2]. Theorie und Praxis kommen aus

---

[1] Die Facharbeitsgruppe Erlebnispädagogik des Erzbischöflichen Jugendamtes Bamberg führte im Februar und September 1997 zwei Weiterbildungsveranstaltungen zum Thema metaphorisches Lernen durch: „Der winterliche Bach als Lebensfluß" und „Wir sitzen alle in einem Boot. Metaphorisches Lernen in erlebnispädagogischen Szenarien".

[2] Vom 12. - 15.11.1998 findet während der Messe für Bildung und Kommunikation BICOM in Augsburg ein internationaler Kongreß zum Thema „Die Macht der Metaphern" statt.

den Vereinigten Staaten, in Deutschland ist der Bedarf an Diskussion und Auseinandersetzung mit dem metaphorischen Lernen groß. Während in den USA seit langem Sammlungen metaphorischer Übungselemente für unterschiedliche Einsatzgebiete verfügbar sind[3], gibt es nur wenige einschlägige Veröffentlichungen in deutscher Sprache[4]. Neben den Namen von Simon Priest und Michael Gass[5], von denen wenige Beiträge in deutscher Übersetzung vorliegen, stößt man immer wieder auf Stephen Bacon, auf dessen einschlägige Texte man bisher nur im amerikanischen Original Zugriff hatte[6].

Geradeeben von einem Kongreß aus den Vereinigten Staaten zurückgekehrt, berichtete mir einer der Insider in der deutschen erlebnispädagogischen Szene auf meine Nachfrage: nein, Stephen Bacon sei in der amerikanischen Diskussion völlig out, sei gar abgetaucht und von der erlebnispädagogischen Bildfläche völlig verschwunden. Michael Gass, Simon Priest, ja, die seien nach wie vor angesagt, Bacon dagegen überholt. Ich hätte Bacon übersetzt? - na, das sei ja nun eine Fleißarbeit. Unausgesprochen blieb: aber doch so unnötig!

Nicht zuletzt der Druck der Geldgeber, die in Zeiten allumfassender Sparzwänge auf Wirkungsnachweise pochen, ließ eine breite Diskussion um die Möglichkeiten des Transfers erlebnispädagogischer Lernziele ins Alltagshandeln entstehen und lenkte den Blick auf das besonders wirksam scheinende Modell metaphorischen Lernens. Zweifellos hängt die deutsche Auseinandersetzung damit temporär hinter der amerikanischen her. In den amerikanischen Curricula zählt metaphorischer Transfer seit über 10 Jahren zu den geachteten Standards, während in Deutschland diesbezüglich wohl immer noch mehr diskutiert als bewußt praktiziert wird. Auch Gass, Goldman und Priest, die in der heutigen Szene als führende Persönlichkeiten genannt werden, beriefen sich ursprünglich auf Bacon. Sein Buch, das hier in Übersetzung auch für die deutsche Rezeption vorgelegt wird, kann damit Pionierleistung für sich beanspruchen.

Ist das kleine Buch dann von nurmehr archäologischem Interesse? Wieso wird es, fast 15 Jahre nach seinem Erscheinen in Amerika, nun ins Deutsche übersetzt? Eine Lektüre für jene, die in der Hetze des (erlebnispädagogischen) Alltagsgeschäfts noch Zeit und Muße finden, sich mit der Geschichtsschreibung

. . . .

3 Z.B. Michael Gass, „Book of Metaphors". Dubuque Iowa, 1995
4 Z.B. Cornelia Schödlbauer, „Metaphern. Ein Beitrag zur erlebnispädagogischen Methodik, Ethik und Ästhetik" In: erleben & lernen 3&4/97, S. 39 - 48
5 Michael Gass, „Metaphorisches Lernen in therapeutisch orientierten erlebnispädagogischen Programmen." Teil 1 in: erleben & lernen 1/95, Teil 2 in: erleben & lernen 2/95, S. 58 - 60
6 Neben „The Conscious Use of Metaphor in Outward Bound" erschien noch „The Evolution of the Outward Bound Process". Greenwich 1987

der Erlebnispädagogik zu befassen? So sehr Stephen Bacon einen gewichtigen Brocken im Steinbruch der erlebnispädagogischen Geschichtsklitterung darstellt, soll diese Übersetzung doch nicht in erster Linie den Zweck erfüllen, zur historiografischen „Vollständigkeit" beizutragen.

Simon Priest hatte 1997 die Teilnehmer und Teilnehmerinnen der internationalen Fachausstellung Erleben und Lernen während der Messe für Bildung und Kommunikation BICOM in Augsburg dazu ermuntert, einen eigenen, europäischen Diskurs zu etablieren und sich nicht wie gebannt an amerikanischen Verhältnissen zu orientieren. Das kann auch bedeuten, daß das vor 14 Jahren erschienene Buch eines heute von der amerikanischen Bildfläche verschwundenen Autors und Praktikers heute in Deutschland - Gleichzeitigkeit des Ungleichzeitigen - höchst aktuell ist. Wäre es nicht möglich, daß Bacon für die Amerikaner heute keine Rolle mehr spielt, weil er von seiner Geisteshaltung her „europäischer" ist, als das den Amerikanern lieb ist? Immerhin beruft sich Bacon mit wesentlichen Grundgedanken seines Buches auf einen Europäer, einen Deutschen: den dissidenten und mit Sigmund Freud konkurrierenden Psychologen Carl Gustav Jung und dessen Archetypenlehre.

Bacon ist in weit geringerem Maß als die gegenwärtigen Vertreter des metaphorischen Lernens dem amerikanischen Behaviourismus verpflichtet. Er stützt sich vielmehr auf ein Denken, das vom heuristischen Modell des „kollektiven Unbewußten" ausgeht, welches seinerseits von der Tradition platonischer, stoischer und (deutsch-) romantischer Vorstellungen von Weltseele oder Weltgeist inspiriert ist. Archetypen sind bei Bacon - ganz in Anlehnung an Jung gedachte - Urphänomene, wie z.B. „die Mutter", „das Kind", „der alte Weise", die in hervorragender Weise in der existentiellen Situation des Kursgeschehens aktiviert und pädagogisch oder therapeutisch eingesetzt werden können. Auch Jungs Zielsetzung, in einem Integrationsprozeß die einzigartige Ganzheit jeder Persönlichkeit, die Synthese des Selbst als eine dem Ich übergeordnete, den Weltbezug tendenziell mitumfassende archetypische Gesamtstruktur anzustreben, mag für Bacon Gültigkeit beanspruchen. Anders als Jung hofft Bacon, ganz amerikanischer Pragmatiker, nicht auf eine lebenslange Dauer eines solchen Selbstwerdungsprozesses, sondern integriert die Archetypen als therapeutisches Mittel in die Gruppendynamik und die erlebnishaften Katalysatoren während des Outward Bound Kurses.

Während die unvertraute Umgebung der Wildnis nicht nur unverstellt von jeder kulturellen Verbrämung archetypische Situationen zu Tage fördert, während die Unausweichlichkeit, mit der die Kursteilnehmer die Konsequenzen des eigenen Handelns in der Natur durch Lust- oder Unlustgefühle am eigenen Leib erfahren, zu Entscheidungen zwingt, entsteht eine auratische Situation, in der dem Gelernten eine besondere Dignität und Wirksamkeit zuwächst.

Doch ganz mag sich Bacon der situativen mythischen Wirkung nicht allein anvertrauen. Zu seinem Wirkungsmodell treten noch zwei weitere, entscheidende Faktoren hinzu: das Kommunikationsmodell des transderivationalen Vergleichs - das kurz erläutert werden soll - und die Inszenierung und Instrumentierung der Metaphern durch den Kursleiter.

Jeder Lernvorgang beruht auf Kommunikation, nicht notwenig auf verbaler - aber auf Verständigung. Grundlage jeder Verständigung ist dabei der Konsens zwischen Sender und Empfänger über das, was das Kommunizierte (was ja „das Geteilte" heißt) bedeuten soll. Bacon - er legt hier seine Quellen nicht offen - springt hier auf ein Urmodell der Kommunikationstheorie auf, von deren avancierten Vertretern Hans Magnus Enzensberger einmal sinngemäß sagte, ihre Bemühungen gipfelten darin, den Gang der Weltgeschichte in dem Satz „Karlchen fährt Roller" kristallisieren zu lassen. Demnach beruht jedes Verstehen auf dem sogenannten „transderivationalen Vergleich", der bei jedem einzelnen Term, der in einer Botschaft vorkommt, nach einem Korrelat in der Erinnerung forscht, ohne den der Term nicht eingeordnet und damit die Botschaft nicht verstanden werden kann. Die neue Situation trägt zum Verständnis des Terms nichts eigentlich Neues bei. Es muß lediglich sichergestellt werden, daß Sender und Empfänger das „gleiche meinen". Während Bacon konzediert, daß Verstehen innerhalb dieses Modells nur auf Annäherungen beruhen kann, da nie zwei Sender auf die gleichen Erinnerungen bezüglich eines ausgetauschten Terms zurückgreifen können, übersieht er einige gravierende Denkungenauigkeiten in seinem System. Ich erwähne nur die völlig ignorierte Differenz zwischen Erleben, Erinnerung und Sprache. Sicherlich ist Bacon kein herausragender Vertreter der Kommunikationstheorie (und muß es auch nicht sein). Man kann es mit der Kritik an seinem Kommunikationsmodell bewenden lassen und sich darauf beschränken zu prüfen, wozu ihm sein Modell dient.

Wie sollen die Teilnehmer eines Outward Bound Kurses etwas Neues lernen, wenn jeder Kommunikationsakt auf erinnerte Erfahrung zurückgreift? Bacon ist überzeugt, daß das Lernen von etwas Neuem an Bekanntem anknüpfen muß. Das ist die Phase, während der in jedem metaphorischen Lernprozeß nach größtmöglichen Übereinstimmungen mit der zur Bearbeitung anstehenden Lebenssituation gesucht werden muß: der Kursleiter muß eine zur Lebenssituation „isomorphe", will sagen: strukturhomologe Kurssituation schaffen, die die Anknüpfung an Bekanntes gestattet. Da nun jede komplexe transderivationale Suche nur wieder Bekanntes zutage fördern kann, heißt das für die Kurspraxis, daß auch problematisches Verhalten reproduziert und aufs neue bestätigt wird. Aus diesem Grund muß das Kursdesign dafür sorgen, daß einer komplexen Verhaltensstrategie als neuer Ausgang eine erfolgreiche Problemlösungsmöglichkeit zur Verfügung gestellt wird. Ganz Optimist ist Bacon überzeugt, daß dieser neue, erfolgreiche Lösungsweg in allen künftigen, zum Übungsmuster isomorphen Alltagssituationen frei verfügbar ist und adaptiert werden kann. Daraus leitet sich für ihn - gelungene Metapher vorausgesetzt - eine radikal persönlichkeitsverändernde Potenz metaphorischen Lernens ab. Ulrich Aufmuth gibt sich da distanzierter und zweifelnder, wenn er schreibt: „Dieses andere Daseinsgefühl, das sich im Verlaufe großer Abenteuerfahrten einstellt, bedeutet indes nicht, daß man eine grundlegende und bleibende innere Verwandlung erfährt. Die tiefsitzenden Traumata, Defizite und Verhaltenszwänge der Person bleiben weiter bestehen." [7] Ob man nun Stephen Bacons Zuversicht oder Ulrich Aufmuths Skepsis eher teilen mag - beide erkennen der sensiblen, stets aufmerksamen Begleitung des Lernprozesses höchste Bedeutung zu.

Alles kommt darauf an, wie reflektiert, sensibel und gekonnt der Kursleiter seine Metaphern konstruiert, präsentiert und instrumentiert. Und er ist dafür verantwortlich, daß der Outward Bound Kurs für die Teilnehmer und Teilnehmerinnen zu einem Erfolgserlebnis wird. Bacon schreibt: „Es gibt drei grundlegende Prinzipien für erfolgreiche Metaphern - unter Mitwirkung der Archetypen arbeiten, isomorphe Metaphern bilden und Erfolgserlebnisse herbeiführen." Bacon breitet eine Fülle verbaler wie nonverbaler Methoden zur Zubereitung und Einkleidung der Metapher aus - ein wahrer Bocuse der Metaphernküche. Dennoch ist Bacons Buch kein schlichtes Rezeptbuch. Bei aller Euphorie für die instrumentelle Machbarkeit von geeigneten didaktischen und therapeutischen Szenarien gerät ihm nie das personale Element aus dem Blick. Er appelliert zunächst und vor allem an die Persönlichkeitsbildung der Instruktoren selbst, die bei ihm zu allererst in der Pflicht stehen. Bei allem Gerede über „hard skills" und „soft skills" als konsumierbarer und aneignungsfähiger Lerneinheiten verschwindet oft genug die Person, die diese Fähigkeiten „drauf hat" und an den Teilnehmenden erproben soll. Bacon ermutigt die Kursleiter dazu, ihren je eigenen Stil auszubilden: „Dieser Stil ist nicht allein eine bewußte Schöpfung - wenngleich Ausbildung und Erfahrung eine entscheidende Wirkung haben; vielmehr ist er Ausdruck der impliziten Weltsicht des Kursleiters", schreibt Bacon im letzten Kapitel der Zusammenfassung.

Erfolg ist machbar! Mit diesem Credo ist Bacon wieder ganz Amerikaner - die psychische Topografie als Land der unbegrenzten Möglichkeiten, so mag es scheinen. Aber es geht ihm nicht darum, das Kursgeschehen und die Lernprozesse an vorgeprägten, schematisierten Erfolgsstandards zu messen. Vielmehr gilt es, Wertmaßstäbe so zu instrumentieren, daß jedes Verhalten aus dieser

. . . .

[7] Ulrich Aufmuth, Aufbrüche - Bergsteigen und Selbsterfahrung. In: Die Wiederentdeckung der Wirklichkeit. Heckmair, B., Michl, W., Walser, F. (Hrsg.), Alling 1995. S.87

Perspektive zum Erfolg umgemünzt werden kann, auch wenn die Lernenden die erfolgsorientierte Deutung spontan nicht teilen. „Buchstäblich jede Erfahrung ist in einem bestimmten Kontext bedeutsam und positiv", ist Bacon überzeugt. Und er wird nicht müde, mit Beispielen für solche erfolgbringenden Umdeutungen aufzuwarten. Das dualisitsche Weltbild der Sieger gegen die Verlierer gerät so ins Gleiten, Deutungen werden wandelbar und verfügbar. Zu diskutieren bliebe dennoch Bacons impliziter Wertekanon, der allein dem Erfolg - was immer dies in der jeweiligen Situation heißen mag - oberste Dignität zuerkennt, ebenso wie die fließenden Übergänge zwischen verantwortlichem Umgang mit Metaphern und purer Manipulation.

Bacon sei doch schon deshalb obsolet, weil er einem unüberprüfbaren Irrationalismus fröne. Er lehne das Instrument der Reflexion ab und verwahre sich damit gegen vernunftgemäße Einsicht der Lernenden in ihre Lernprozesse. Diese Kritiker tun Bacon unrecht. Bacon sucht nach einem - als System rational nachvollziehbaren - Zugang, der elementaren psychologischen Einsichten der bewußten Abwehr bedrohlicher unbewußter Vorgänge Rechnung trägt. Lernprozesse, die auf das Unbewußte zielen, müssen auf der Ebene des Unbewußten ansetzen. Vernunftgemäße Einsicht trägt wenig zum erfolgreichen Lernen bei. Verhaltens- und Gesprächstherapie stehen bei seinem Modell unbewußten Erfahrungslernens Pate. Und er sucht nach einem Zugang, der nicht jene von Lernprozessen ausschließt, deren psychische oder kognitive Disposition explizit versprachlichtes Lernen ausschließt. Sein Zugang ist „...nicht nur ein neuer, vielleicht zukunftsweisender Weg in der Experiential Education generell, sondern (...) auch eine fundierte Kritik an der „Sozialpädagogisierung" des Erlebnisses."[8] Mit vielen anderen erlebnispädagogischen Praktikern möchte Bacon den Aufenthalt und das Handeln in der Natur wieder in ihr Recht einsetzen und damit auch die Position der Trainer als Experten für die „Outdoors" stärken.

Freilich gerät einer, der einen so ausgesprochen antiaufklärerischen und irrationalistischen Autor wie C.G. Jung ins Zentrum seines Konzepts stellt, selbst leicht in den Ruch des Irrationalismus. Doch muß man sorgfältig unterscheiden: Auf der Ebene der Lernprozesse vertraut Bacon den Kräften und Mächten des Unbewußten, baut auf die Wirksamkeit und die mythische Macht der Archetypen - z.B. des Helden, des weisen Einsiedlers, des Schicksals. Auf der Ebene der Vorbereitung, der Inszenierung der Lernerfahrung, der Deutung des Erlebnisses ist Bacon von Rationalismus und Machbarkeitsökonomie durchdrungen. Daher liegt die Einschätzung, Bacon geriete „(...) an den Rand

---

8 Erleben und Lernen. Einstieg in die Erlebnispädagogik. Heckmir, B., Michl, W. Neuwied, Kriftel, Berlin, 2., überarb. Aufl., 1994. S. 46

einer antiintellektuellen, dem Reich der Mythen und der Sagen zugewandten, Heilslehre, die sich ganzheitlich geriert, jedoch ins Diffuse, schwer Lokalisierbare abzudriften droht."[9] daneben und trifft nicht den Kern von Bacons Konzept. Manches jedoch, was von schwärmerischem Pathos getragen wirkt, erwächst einer radikalen Ernsthaftigkeit und Verflichtung gegenüber dem Ethos und Wertekanon von Outward Bound. Und wenn uns manche der Leitbilder und Ideale verstaubt, unzeitgemäß und problematisch erscheinen, dann sollten wir uns fragen, ob und warum wir, anstatt unsere Teilnehmer für das fit zu machen, was sie künftig erwartet, sie für eine Welt erziehen, die es schon gar nicht mehr gibt.

Die Macht der Metaphern bei Outward Bound wurde ursprünglich als Trainer-Handbuch für Outward Bound Instruktoren konzipiert und dann - aufgrund seines durchschlagenden Erfolgs innerhalb von Outward Bound Colorado - der Öffentlichkeit zugänglich gemacht. Die vorhersehbaren Rezeptionshindernisse suchte Bacon durch die Anfügung eines Einführungskapitels in die Art und Weise des Lernprozesses bei Outward Bound zu umgehen. Auf diesen Anhang möchte ich nicht nur jene verweisen, denen Outward Bound als Institution und Anbieter erlebnipädagogischer Programme nicht vertraut ist. Auch für deutsche „Insider" ist dieses kurze Kapitel von Interesse, da sich die amerikanischen Curricula doch deutlich von den deutschen unterscheiden. Trotz des ursprünglich stark eingeschränkten Adressatenkreises ist „Die Macht der Metaphern" das anregende Buch eines Praktikers, bei dem sich die Intellektualität nie aufdringlich in den Vordergrund spielt.

Über Stephen Bacon, soviel ist sicher, wird in Deutschland gesprochen. Aber, wie das so häufig der Fall ist: bisher wird er diskutiert, ohne gelesen worden zu sein. Und, wie so häufig auch in anderen Zusammenhängen, wird dann das Immergleiche aus einigen führenden und einschlägigen Publikationen mehr oder weniger zutreffend zitiert, ohne einer Überprüfung ausgesetzt zu werden. Diesem mißlichen Umstand soll diese Übersetzung abhelfen.

Es lohnt sich, Bacon zu lesen: aus Gründen der persönlichen Weiterbildung als Trainerhandbuch; aus Interesse an der amerikanischen Diskussion und als geschichtliches Dokument; aus Interesse an einer kompetenten Diskussionsgrundlage für die deutsche Theoriebildung und an der Beschäftigung mit einer Konzeption, die eine kontroverse Auseinandersetzung verdient hat - als Denkanregung. Allen drei Rezeptionshaltungen bietet Bacon reichen Stoff in klar strukturierter und ebenso ansprechender wie anspruchsvoller Form.

. . . .

[9] Ebd.

Zuletzt bleibt mir noch, einigen Menschen zu danken, die Wesentliches dazu beigetragen haben, daß diese Übersetzung in der vorliegenden Form entstehen konnte. Werner Michl, der mich mit seinen schnellen Korrekturen und wertvollen Hinweisen unterstützte und gemeinsam mit Jürgen Sandmann die Idee zu dieser Übersetzung hatte. Jürgen Sandmann für die Suche nach passenden Titelmotiven in seinem reichen Diafundus. Christian Itin für sein Vorwort. Michael Rehm, der seine guten Beziehungen zur amerikanischen Fachöffentlichkeit spielen ließ und Christian Itin um ein Vorwort bat. Meinem Sohn Vincent, der mir genügend Zeit ließ.

Cornelia Schödlbauer
Ottensoos
im Januar 1998

Christian Itin: Vorwort zur deutschen Übersetzung von

Die Macht der Metaphern

Stephen Bacons „Die Macht der Metaphern" ist ein Buch, das auf vollkommene Weise Thomas Kuhns Begriff des Paradigmenwechsels (Kuhn, 1962) illustriert. Das Buch exemplifiziert zum einen den Paradigmenwechsel, der in den späten 70er und den frühen 80er Jahren in der Outward Bound Schule von Colorado vollzogen wurde, zum anderen leistete es einen großen Beitrag zur kontinuierlichen Weiterentwicklung im Bereich der erlebnisorientierten Lehrpraxis. Outward Bound war selbst schon immer eine Metaphern und immer schon beschäftigte es sich mit Metaphern. Kurt Hahn wußte genau, welche Metapher er der Schule verpaßte, indem er sie mit einem Namen aus der Seefahrt belegte, der so viel wie „den sicheren Hafen zu verlassen" bedeutete. Hahn wollte durch die Sprache des Meeres lehren, nicht die See, die in ihrer Essenz eine Metapher ist, als Lehrgegenstand unterrichten. In einigen Schriften über Hahn wird deutlich, daß er dazu animiert wurde, ein Programm zu entwickeln, das „das moralische Äquivalent zum Krieg" (James, 1995) darstellen sollte. Metaphern hatten und haben einen zentralen Stellenwert bei Outward Bound und im Grunde genommen in jedem erlebnisorientierten pädagogischen Programm.

Dennoch wurden diese Metaphern in den Anfangsjahren von Outward Bound und von all den anderen erlebnispädagogischen Anbietern selten direkt gebraucht. Vielmehr ließ man sie einfach existieren und auf einer Ebene wirken, die hauptsächlich unbewußt war. Als die Programme von Outward Bound ausgeweitet wurden und sich weiterentwickelten, traten gleichzeitig zwei Phänomene auf den Plan, die die Entstehung dieses Buches stark beeinflußten. Zum einen wuchs das Bewußtsein für den Transfer des in den Outdoors Gelernten in das Alltagsleben der Teilnehmer. Zu dieser Zeit waren der Leiter von Outward Bound Colorado, Gerald Golins und der langjährige Mitarbeiter Victor Walsh sehr damit beschäftigt, diesen Transfer zu definieren (Walsh, Golins, 1976). Stephen Bacon, der gerade sein Promotionsstudium in Psychologie absolvierte, war in diesen Prozeß aktiv eingebunden.

Zum zweiten wurden Outward Bound und in der Tat alle erlebnisorientierten Programmtypen in zunehmendem Maß für spezielle Zielsetzungen verwendet. Diese umfaßten den Bereich der Gesundheitspflege, die Arbeit mit Straffälligen, Managementtraining und die Arbeit mit vielen anderen Gruppierungen. Diesen beiden treibenden Kräften ist es zu verdanken, daß man sich in der Praxis damit auseinandersetzen mußte, wie man die Metaphern, die Outward Bound innewohnen, auf sinnvolle Weise einsetzen könnte. Eines der wichtigsten Programme, mit denen sich Outward Bound Colorado damals beschäftigte, war ein Projekt mit der Suchtabteilung des St. Lukes Krankenhauses. Diese viertägigen Programme wurden speziell darauf zugeschnitten, die Suchtbehandlung im Krankenhaus zu ergänzen. Solche Intensivprogramme erforderten ein bewußteres und zielstrebigeres Vorgehen, wenn man den Transfer des Gelernten steigern wollte. Die Ideen, die im Rahmen dieses Programms entwickelt wurden, fanden Eingang in Bacons Denken, so wie sie andererseits von seinem Denken geprägt wurden.

Stephen Bacons Buch erfaßte vollständig die Kräfte und Ideen, die zur damaligen Zeit bei Outward Bound entwickelt wurden, und wie er in seinem Vorwort vorhersagte, leistete es einen wichtigen Beitrag zur Evaluation in diesem Bereich. Man braucht nur die Arbeiten von Michael Gass (1985, 1991), von Lee Gillis und Mike Gass (Gillis & Gass, 1993; Gass & Gillis, 1995) oder meine eigenen Schriften (Itin, 1993, 1995) zu lesen, um die Einflüsse von Stephen Bacon und seinem Buch im einzelnen zu erkennen. Es hat zu einem wesentlichen Teil die Diskussion der letzten 15 Jahre geprägt und alles deutet darauf hin, daß es die Diskussion auch weiterhin prägen wird. Die echte Kraft und Langlebigkeit der Ideen in diesem Text und die Wirkung auf die Erlebnispädagogik werden selbst noch durch diejenigen weitergetragen, die Outdooraktivitäten metaphorisch anleiten, ohne dieses Buch je gelesen zu haben. Wenn ein Buch Menschen beeinflußt, die es nicht gelesen haben, dann handelt es sich wahrhaft um einen wichtigen Text. Dennoch ist es auch ein Indiz für ein Problem in unserem Arbeitsbereich, wenn die Kursleiter, die auf diese Weise arbeiten, mit dem Originaltext nicht ganz vertraut sind. Dank dieser Übersetzung ins Deutsche werden die Europäer Gelegenheit bekommen, die Kraft dieses Textes für sich zu entdecken. Außerdem wird der Leser, der das im Buch dargebotene Material vollkommen verstehen will, dazu ermutigt, sich mit den darin erwähnten Autoren zu beschäftigen, die Bacon beeinflußt haben.

Eine Sorge, die aus den Gedanken dieses Buches erwuchs, bezieht sich auf die doktrinäre Natur der Metapher oder auf die Tatsache, daß es der Kursleiter ist, der die metaphorische Deutung festlegt. Neueste Arbeiten von Hovelynck (nach einem persönlichen Gespräch im Juli 1997) warfen die Frage nach Metaphern auf, die von den Klienten hervorgebracht werden. Meine eigene Arbeit, die die Eriksonsche Psychotherapie mit der Hypnotherapie (eine der informativen Quellen, die Bacon zitiert) verbindet, thematisierte ihrerseits den Gebrauch, den man vom Idiolekt des Klienten machen kann. Dennoch, es ist wichtig, diese Arbeiten nicht als Widerlegungen von Bacons Ideen zu betrachten, sondern eher als Ergänzungen, Verfeinerungen und Weiterentwicklungen der grundlegenden Gedanken, die in diesem Text präsentiert werden.

Die Zukunft wird wahrscheinlich weiterhin eine Ausdifferenzierung und Weiterentwicklung der metaphorischen Deutungen von Aktivitäten in erlebnispädagogischen Curricula bringen. Die besondere Richtung dieser Weiterentwicklung ist schwer vorherzusagen. Dennoch bin ich davon überzeugt, daß die Europäer die künftige professionelle Richtung deutlich beeinflussen werden. Das Arbeitsfeld entstand in England, wanderte in die Vereinigten Staaten und hat sich jetzt deutlich in Europa etabliert. Es war spannend, dieses Wachstum zu beobachten. Ich würde mich freuen, wenn der Umstand, daß dieser wichtige Text auf Deutsch verfügbar ist, dazu beitrüge, die Entwicklung weiter zu beflügeln.

Christian M. Itin, M.S.W., Ph. D.
Denver, Colorado

Gass, M. (1985). Programming the transfer at learning in adventure education.
  Journal of Experiential Education. 10 (3), 18 - 24
Gass, M. (1991). Enhancing metaphor development in Adventure therapy programs.
  Journal of Experiential Education. 14 (2), 6 - 13
Gass, M. and Gillis, H.L. (1995). Focusing on the „solution" rather than on the „problem":
  Empowering client change in adventure experiences. Journal of Experiential Education, 21 (2),
  63 - 69
Gillis, H.L. and Gass, M. A. (1993) Bringing adventure into marriage and family therapy:
  an innovative experiential approach. Journal of Matrial and Family Therapy, 19 (3), 275 - 88
Itin, C. (1993). Linking Ericksonian methods to adventure therapy: Application of the diamond model
  to adventure therapy. In Wurdinger, S. & Gass, M. (Eds.), Partnerships: Proceedings of the 21st
  International Conference of Experiential Education (pp. 33 - 45). Boulder, CO: Association for
  Experiential Education
Itin, C. (1995). Utilizing hypnotic language in adventure therapy. The Journal of Experiential
  Education, 18 (2), 70 - 75
James, T. (1995). Sketch of a moving spirit: Kurt Hahn. In Warren, K., Sarkofs, M. and Hunt Jr., J.S.
  (Eds.) The Theory of Experiential Education (3rd ed.) (pp. 75 - 95). Dubuque, IA: Kendall / Hunt
Kuhn, T.S. (1962), The structure of scientific revolutions. Chicago: University Press

Vorsorgliches Vorwort

Zu einem Verständnis der Natur unseres Angebots zu gelangen, ist ein notwendiger Schritt, um die Effektivität unserer Arbeit zu steigern. Ironischerweise klafft gerade dort unsere größte Wissenslücke, wo es um die Frage geht, wie man denn eigentlich lernt bei Outward Bound. Diese Wissenslücke behinderte unsere Möglichkeiten, Kursleiter in den sogenannten „soft skills", also jenen Fähigkeiten, die eigentlich die Persönlichkeitsentwicklung des Lernenden unterstützen, sowohl weiterzubilden als auch zu beurteilen. Dadurch, daß ein verständlicher Bezugsrahmen fehlte, wurde der gelegentliche Einsatz dieser „soft skills" irregeleitet. Stephen Bacon ist es jedoch gelungen, diesen Sachverhalt beträchtlich zu erhellen.

Stephen versichert uns, daß wir lernen, indem wir vergangene Erfahrungen mit gegenwärtigen verknüpfen und dabei danach streben, unser Bild von Wirklichkeit entweder zu bestätigen oder neu zu organisieren. Im wesentlichen Sinn besteht die metaphorische Funktion darin, eine Erfahrung für etwas anderes in unserem Leben, wie etwa für unsere Fähigkeit, mit anderen zu kommunizieren, für unsere Vertrauenswürdigkeit oder unser Durchhaltevermögen angesichts von Schwierigkeiten, eintreten zu lassen. Zu seiner Zufriedenheit sind Outward Bound Kurse heute so strukturiert, daß den Lernenden eine ungewöhnliche Vielzahl von potentiell stärkenden Metaphern zur Verfügung gestellt wird. Es ist freilich nicht garantiert, daß die Lernenden diese Metaphern annehmen, aber sie müssen ihren Bedürfnissen angemessen sein. Hierin liegt die Kunst der Anleitung: den Schülern Erfahrungen zu vermitteln, die ihre Fähigkeiten fördern, für sich und andere Verantwortung zu tragen. Viele Bemühungen von Stephen sind darauf ausgerichtet, das Bewußtsein der Kursleiter für diese Kunst zu steigern.

Die Neuheit seiner Erkenntnisse sollte uns dazu bringen, unsere Praktiken zu überprüfen. Seine Behauptung, daß Metaphern unbewußt gelernt oder verinnerlicht werden, richtet sich zum Beispiel gegen unsere weitverbreitete Praxis, von den Lernenden zu erwarten, daß sie die Bedeutung ihres Outward Bound Kurses verbalisieren. Vielleicht ist ihnen das gar nicht möglich. Lieber soll ein Kursleiter sein Augenmerk auf die Verhaltensänderungen legen, als sich so starr auf die Fähigkeit des Lernenden verlassen, solch eine Veränderung zu artikulieren.

Stephens Vision paßt zu meiner Erfahrung von Outward Bound und sie war der Vertiefung meiner Kenntnisse in der Kunst und Praxis, Outward Bound Schüler anzuleiten, förderlich. Möge sie auch der Verbreiterung Ihrer Fähigkeiten dienen.

Abschließend möchte ich für den großzügigen Beitrag der Marie Baier Stiftung Dank sagen, die diese Arbeit erst möglich machte.

Gerald L. Golins, Direktor
Colorado Outward Bound School

Danksagungen

Es war nie wirklich meine Absicht, dieses Buch zu schreiben. Der eigentliche Initiator des Projekts war vielmehr Gerald Golins, Direktor der Outward Bound Schule in Colorado. Im Verlauf eines gelegentlichen Austauschs über den Outward Bound Prozeß forderten mich er und Leslie Emerson, Direktor des COBS Programms, dazu auf, einige meiner Konzepte in einer regelmäßigeren Form zu dokumentieren. So wurde die Idee zu diesem Buch geboren.

Der Enthusiasmus und die Rückmeldungen von Leslie und Jerry wurden zu unschätzbaren Bestandteilen dieses Projekts. Sie boten nicht nur finanzielle Unterstützung an, sondern begleiteten die Vorbereitung jedes Kapitels mit ihren kritischen Anmerkungen und Kommentaren. Sicher wäre dieses Buch ohne ihre Ermutigung und Unterstützung nie entstanden.

Auch möchte ich all den Dutzenden von Teilnehmern und Kursleitern danken, die kennenzulernen ich Gelegenheit hatte, seit ich zur Outward Bound Gemeinschaft gehöre. Dieses Buch ist nichts anderes, als der Ertrag all der Lektionen, die sie mich lehrten. Insbesondere möchte ich David Burger, Ed Young und Nelson Chase erwähnen.

Viele haben zu diesem Buch in eher indirekten Formen beigetragen. Besonders dankbar bin ich einigen meiner Professoren, besonders Helen und Jack Watkins, Morton Arkava und Ira Chernus. Fran Abel war besonders hilfreich, indem er seine persönliche Unterstützung anbot und außerdem verschiedene einsichtsvolle Anregungen beitrug, die später ins Manuskript Eingang fanden.

Schließlich möchte ich meiner Herausgeberin, Katherine Raff, danken. Ihre Beiträge verbesserten Glätte und Lesbarkeit des Buches grundlegend.

Eine Anmerkung für Leser, denen Outward Bound nicht vertraut ist

Dieses Buch ist als Trainer-Handbuch für Outward Bound Instruktoren konzipiert; daher gibt es im Text eine Reihe von Bezugnahmen auf Material, das dem Leser, der keine Erfahrung aus erster Hand mit Outward Bound Kursen hat, unvertraut sein wird. Dennoch ist es möglich, daß dieses Buch einem größeren Publikum als der Outward Bound Gemeinschaft etwas zu bieten hat. In der Absicht, das Material dieses Buches einem solchen größeren Publikum zugänglich zu machen, wurde ein Kapitel angehängt, das kurz Geschichte, Ziele und elementare Kursstrukturen von Outward Bound erläutert. Wir schlagen dem Leser, der Outward Bound nicht kennt, vor, den Anhang zu lesen, bevor er mit dem Hauptteil des Textes fortfährt.

Einführung

Meine früheste Lehrzeit als Outward Bound Anleiter fand gleichzeitig in Konkurrenz mit meiner Schulung als klinischer Psychologe statt, ein Umstand, der indirekt und irgendwie paradox zu den Ideen führte, die schließlich in dieses Buch mündeten. Als angehenden Psychologen erregte mich das Potential der Psychotherapie in solchem Maß, daß es mir schien, Outward Bound könne tatsächlich stark davon profitieren, in seinen Kursen einen stärker psychotherapeutischen Zugang einzubeziehen. In meiner ersten Sommersaison als Kursleiter, die sich genau an mein erstes Praxisjahr als graduierter Psychologe anschloß, versuchte ich, genau das zu tun. Meine Kurse waren voll von Einzelinterviews, Gruppentherapie und sogar von Marathon-Konfliktgesprächen.

Während meine Kurse für meine Schüler gleichermaßen zufriedenstellend wie erfolgreich schienen, verließ ich diese spezielle Saison mit bösen Ahnungen. Ich fühlte, daß etwas nicht stimmte. Dieses Gefühl steigerte sich während der kommenden zwei Praxisjahre meiner Ausbildung als Psychologe. Als ich die Gelegenheit bekam, eine weitere Saison als Kursleiter bei Outward Bound zu verbringen, ging ich an diesen Sommer mit einer gänzlich veränderten Haltung heran. Ich hatte entschieden, daß ich in meinem Übereifer, Outward Bound das psychotherapeutische Modell aufzudrängen, etwas Entscheidendes in dessen bestehendem Paradigma verfehlt hatte. Ich beschloß, in meiner nächsten Kursreihe zu versuchen, mehr Zeit darauf zu verwenden, auf die Stimmen der Wildnis zu hören, die Berge für sich sprechen zu lassen und so weit als möglich mit der ganzen, reichhaltigen Tradition von Outward Bound zu arbeiten.

Indem ich, statt Experte zu sein, die Rolle eines Mit-Lernenden annahm, begann ich, den Outward Bound Prozeß auf völlig neue Weise zu sehen, als etwas ganz besonderes, als etwas, das von einem eigenen Gesichtspunkt gesehen werden will. Mein Versuch, diese Besonderheit zu verstehen, brachte die Ideen in diesem Buch hervor.

Selbstverständlich wurde mein Verständnis stark durch meine eigene Erfahrung und durch die Schriftsteller und Denker geprägt, die bedeutenden Einfluß auf mein eigenes Weltbild hatten. Leser, denen Carl Jung, Milton Erikson, Richard Bandler, John Grinder und David Gordon vertraut sind, werden hier viele ihrer Ideen wiederfinden; in diesem Sinn ist dieses Buch ebensosehr Frucht eines synthetisierenden, wie eines eigenständigen Bemühens. Wie jedoch jeder außerordentlich komplexe Prozeß entzieht sich Outward Bound den Festlegungen eines einzelnen Autors wie der Synthese bereits bestehender Paradigmen - wie elegant oder intellektuell raffiniert diese immer sein mögen. In diesem Sinn kann dieses Buch nur begrenztes Licht auf einen bestimmten Aspekt von Outward Bound werfen; eine Gesamtsicht des ganzen Lernprozesses muß noch auf ihren künftigen Autor warten.

In meinen Forschungen zu diesem Buch überraschte mich die Entdeckung, daß es bisher nur wenige Versuche gab, in ernsthafter und wissenschaftlicher Weise über den Lernprozeß zu schreiben, der sich bei Outward Bound vollzieht. Im Gegensatz zu seinem Erfolg, hunderte anpassungsfähiger Programme auszuhecken und seinen mächtigen und unmittelbaren Einwirkungen auf Tausende seiner Teilnehmer, wurde Outward Bound tendenziell, von Forschern und Theoretikern übersehen. Der Grund mag sein, daß es so leicht ist, sich Outward Bound als eine Art hochleistungsfähiges Sommercamp oder eine spezialisierte Survival-Schule vorzustellen. Außerdem findet man Outward Bound häufig auf eine Zusatzrolle reduziert - der elementare erzieherische oder therapeutische Prozeß spielt sich in der Schule oder der therapeutischen Einrichtung ab, und die Schüler und Patienten werden dann wie zu einem eigentlich überflüssigen Schnickschnack zu Outward Bound geschickt. Dieser Zugang unterstellt, daß Outward Bound keinen ganzheitlichen Prozeß bietet - daß es ihm an Tiefe und Reichtum mangelt, um den Erfordernissen der Schüler oder Patienten zu genügen - und verringert damit seinen essentiellen Wert.

Nach meiner eigenen Überzeugung bietet der Lernprozeß bei Outward Bound eines der flexibelsten und facettenreichsten Paradigmen, die es in der Pädagogik und in der Seelenheilkunde überhaupt gibt. Er ist in der Lage, jeden Aspekt des Teilnehmenden einzubeziehen, im wahrsten Sinne ganzheitlich zu sein, schnell ins Zentrum der Probleme zu treffen und all dies in einem Kontext - der Wildnis, der zugleich pragmatisch und sublim ist.

Wegen logistischer Probleme werden Zugänge, wie Outward Bound sie bietet, freilich nie so verbreitet sein wie Lernprogramme oder ambulante Psychotherapie. Aber Outward Bound hat das Potential, ein vollwertiger und anerkannter Bestandteil des Arsenals psychotherapeutischer bzw. pädagogischer Techniken zu werden - ein gleichrangiger Genosse solch geachteter Paradigmen wie des Behaviorismus, der psychodynamischen Psychotherapie und der schülerzentrierten Erziehung. Outward Bound ist nicht länger das new kid on the block. Es hat sowohl das Recht wie die Verantwortung, seinen Platz neben akzeptierten, gängigen Konzepten einzunehmen. Wenn sich die Dinge in diese Richtung entwickeln, wird es notwendig werden, neue Prioritäten auf die Bereiche der Forschung, des Schreibens und der Auswahl und Weiterbildung der Mitarbeiter zu setzen. Ich hoffe, daß dieses Buch seine Rolle in dieser Entwicklung spielen kann.

Stephen Bacon, Ph. D.
Seattle, Washington
1983

Theoretische
Grundlegungen

Nützlicher

Nasreddin betrat das Teehaus und deklamierte:

„Der Mond ist nützlicher als die Sonne."

„Warum, Mullah?"

„Wir brauchen das Licht nötiger in der Nacht als am Tag."

Rate mal, was ist das?

Ein Spaßvogel traf Nasreddin. In seiner Tasche trug er ein Ei.

„Sprich, Mullah; bist du gut im Rätselraten?"

„Nicht schlecht," sagte Nasreddin.

„Nun gut, dann sag mir: was habe ich in meiner Tasche?"

„Gib mir einem Tip!"

„Es hat die Form von einem Ei, innen ist es
gelb und weiß und es sieht aus wie ein Ei."

„Eine Art Kuchen," sagte Nasreddin.

Seit seinen Anfängen in den 40er Jahren hat Outward Bound weltweit für seine Pionierleistungen auf dem Gebiet des Erfahrungslernens Anerkennung erlangt. Erfahrungslernen unterscheidet sich von traditionellen Lernformen darin, daß der Schüler etwas lernt, indem er das zu Lernende tatsächlich ausführt, anstatt nur darüber zu reden oder zu lesen. Das allein ist keineswegs revolutionär - Lehrer im Werken und im Sportunterricht hatten schon seit Jahrzehnten erfahrungsorientierte Lernmethoden angewandt.

Was Outward Bound zu etwas derart Besonderem machte, war der Umstand, daß das Erfahrungslernen im Kontext spezeller Umgebungen dargeboten wurde - für gewöhnlich in Umgebungen der Wildnis. Diese Umgebungen stellen an diejenigen, die sich darin bewegen, ganz unverwechselbare Anforderungen, indem sie evident machen, was man sich unter Konsequenzen vorzustellen hat. Die Teilnehmer bei Outward Bound werden nicht nur mit Lob und dem Gefühl, etwas gemeistert zu haben, belohnt, wenn sie ihrer Aufgabe Herr geworden sind; darüber hinaus sind sie satt, trocken und sicher. Umgekehrt sind sie, wenn ihnen ihre Aufgabe mißlingt, Unbehagen und Bedrängnis ausgesetzt. Die allgegenwärtige Spannung zwischen diesen Extremen schafft einen besonderen Sinn für Motivation und Leistung.

Während klar ist, daß viele der Fertigkeiten, die man bei Outward Bound erwirbt, aus der Erfahrung gelernt werden (z.B. das Klettern, das Paddeln und das Navigieren), ist ebenso gewiß, daß viele andere Lernvollzüge dank anderer pädagogischer Strategien umgesetzt werden. Dies trifft insbesondere auf drei der heikelsten Ziele von Outward Bound Kursen zu: die Persönlichkeitsentwicklung, die interpersonelle Kompetenz und Werthaltungen.

Während diese drei Ziele nicht buchstäblich auf dem Weg der Erfahrung erlangt werden können - es ist unmöglich, Werthaltungen auf konkrete Art sinnfällig zu machen - versucht Outward Bound, selbst diese abstrakten Ziele im Rahmen des Erwerbs praktischer Fähigkeiten zu erreichen. Ein Beispiel: Teilnehmer erlernen das Felsklettern. Indem sie das tun, lernen sie zugleich, ruhig zu bleiben und sich gegenüber erdrückend scheinenden Schwierigkeiten zu behaupten. Eine topografische Karte lesen lernen, ist eine wichtige Fertigkeit für die Orientierung. Idealerweise kann die Beherrschung dieser Orientierungsfähigkeit einem Teilnehmer helfen, sich auch in seinem [1] Leben orientieren zu lernen. In diesem Sinn werden Einübung praktischer Fertigkeiten und andere didaktische und erfahrungsorientierte Lernformen zu Metaphern der

---

[1] Schüler und Anleiter sind weiblich wie männlich. Im Versuch, dieser Tatsache Genüge zu tun, wird dieses Buch so oft wie möglich die dritte Person Plural verwenden. Um stilistische Plumpheit zu vermeiden, wird, wo nicht anders möglich, generell die dritte Person maskulin singular verwandt.

Persönlichkeitsveränderung, die als Ziel zugrundeliegt. Damit heißt Outward Bound nicht nur Erfahrungslernen; seine auf Charakterveränderung zielende Komponente macht es zu einer Form metaphorischer Erziehung.

Der Begriff der „Metapher" wird so inflationär verwendet, daß er sorgsam definiert werden muß. Auf der technischen Ebene meint Metapher eine Sprachfigur, worin ein Ding mit einem anderen dergestalt verknüpft wird, daß dieser Vergleich neues Licht auf den Gegenstand wirft. So ist z.B. „das Schiff pflügt die See" eine metaphorische Sprachfigur.

Eine Metapher ist auch etwas, das manchmal in Bezug auf eine Anekdote, eine Geschichte oder einen Erfahrungsschatz, der irgendwie eine Situation im wirklichen Leben klären half, verwendet wird. So mag beispielsweise die Anekdote von einem Freund, der sich sorgsam um seinen Gemüsegarten bemüht, einem vom Pfad der Tugend abweichenden Vater dazu bewegen, sich besser um das Gedeihen im Garten seiner Familie zu kümmern. Gleichfalls könnte der Marathonlauf den Teilnehmern von Outward Bound ein Gefühl dafür vermitteln, daß sie in ihrem Erfolgsstreben in der Schule weiter gehen können, als sie geglaubt hätten.

Diese zweite Bestimmung der Metapher ist verknüpft mit den Begriffen der Parabel und der Allegorie. Sowohl Parabel als auch Allegorie werden jedoch häufig mit einem eher kognitiven Lernstil in Verbindung gebracht, bei dem die Zuhörer bewußt Lektionen, die sie auf ihr Leben anwenden können, aus dem Gehörten ziehen. Im Gegensatz dazu wird bei der Metapher - zumindest in dem Sinn, in dem sie hier gebraucht wird - die Botschaft der Metapher in der Erfahrung, affektiv und unbewußt aufgenommen, wobei nur ein minimaler, oder zumindest sekundärer Anteil an bewußtseinsmäßiger Einsicht hinzutritt. Dieser unbewußte Zugang zur Metapher wurde zunächst durch den Psychotherapeuten Milton Erikson eingeführt; seine Arbeit wird für ihre Subtilität und Kreativität und für die Erfolge, die er bei seinen Patienten erzielte, geschätzt. Wie Erikson die Metapher einsetzt, zeigt am besten ein Beispiel. Auf die folgende Fallgeschichte wurde so häufig Bezug genommen, daß sie im psychotherapeutischen Bereich zum berühmten Klassiker wurde.

Erikson wurde von einem Ehepaar wegen Problemen in ihrem Sexualleben konsultiert. Es handelte sich um eine ziemlich stereotype Situation, in der der Ehemann von seiner Frau mehr sexuelle Verfügbarkeit erwartete, während sie sich darüber beklagte, daß er ihrem Bedürfnissen gegenüber unsensibel und ausschließlich am erfolgreichen Orgasmus interessiert sei. Die Angelegenheit hatte sich auf einen Punkt zugespitzt, an dem sie den Bestand ihrer Ehe gefährdete.

Anstatt daß er nun direkt über ihr Sexualleben gesprochen hätte, lenkte Erikson sie mit etwas Small Talk ab, um ihnen schließlich eine lange, etwas umschweifige Anekdote über verschiedene Arten, Essen zu sich zu nehmen zu erzählen. Er sprach darüber, wie angenehm ein formelles Dinner sein könne und beschrieb detailliert die Bedeutung, die richtige Atmosphäre herzustellen, indem man sich um die Beleuchtung, das Tischgedeck und die Blumen sorgt. Er erzählte davon, wie jeder Gang sorgfältig darauf abgestimmt werden könne, den Appetit aufs äußerste zu steigern und wie glatt die Übergänge zwischen einem Gang und dem nächsten gestaltet werden könnten. Der Hauptgang freilich, sei wichtig, aber es sei ebenso bedeutsam, seine Verflechtungen mit allen anderen Gängen in Betracht zu ziehen. Er führte weiter aus, wie langsames Kauen dem Verdauen eines solchen Mahles förderlich sei, auf welch angenehme Weise die Unterhaltung dazu beitragen könne und so weiter.

Schließlich beendete er seine Anekdote, indem er sich der Frau zuwandte und kommentierte, daß manchmal eben für all dies nicht genügend Zeit da wäre und daß den Bedürfnissen des Körpers nach Nahrung gelegentlich auch mit einem schnellen Sandwich Genüge getan werden könne.

Erikson berichtete, daß die Sexualprobleme des Ehepaars von allein zu verschwinden schienen. Das Paar war angenehm überrascht und brach die Behandlung ab.

Dem Paar war nicht bewußt, daß Erikson an ihrem Problem gearbeitet hatte und zog keine verstandesmäßigen Schlüsse oder Lektionen aus seiner Erzählung. Was sie machten, war, unbewußte Verbindungen zwischen ihren vergangenen Erfahrungen in der Nahrungsaufnahme, ihren gegenwärtigen sexuellen Strategien und ihrer möglichen Sexualbeziehung herzustellen. Der Umstand, daß die Anekdote von einem Psychiater kolportiert wurde, der formal mit der Aufgabe betraut war, ihre Sexualprobleme zu lösen, erleichterte ihre unbewußte Bereitschaft, diese Bezüge herzustellen und die in der Anekdote symbolisch dargebotene Lösung zu praktizieren.

Das Maß an Isomorphie zwischen der metaphorischen und der entsprechenden Lebenssituation stellt den Schlüsselfaktor dar, der zu bestimmen erlaubt, ob eine Erfahrung als metaphorisch gelten kann. Isomorph bedeutet dabei strukturgleich. Wenn alle Hauptbestandteile einer Erfahrung in korrespondierenden Elementen einer zweiten repräsentiert werden und wenn die übergreifende Struktur der beiden Erfahrungen einen hohen Grad an Ähnlichkeit aufweist, dann treten die beiden Erfahrungen metaphorisch füreinander ein. Das impliziert nicht, daß die korrespondierenden Elemente buchstäblich identisch seien. Sie müssen vielmehr auf symbolischer Ebene identisch sein. In unserem Beispiel aus der Psychotherapie hatten die Sexualprobleme des Paares nichts mit ihren Eßsitten gemein, doch offensichtlich gab es eine dramatische symbolische Ähnlichkeit zwischen den beiden Erfahrungsebenen. Ganz klar stellten Eriksons Beschreibungen der Atmosphäre und der Zeitordnung des gemeinsamen Mahles indirekte Anregungen dar, etwas in der Umgebung und der Geschwindigkeit im Sexualleben des Paares zu verändern.

Eine metaphorische Erfahrung kann eine Anekdote oder eine Geschichte, oder sie kann - wie im Fall von Outward Bound - eine tatsächliche Erfahrung sein. Die metaphorische Erfahrung muß in sich herausfordernd genug sein, um die Aufmerksamkeit des Einzelnen in Bann zu schlagen. Wenn sie schließlich in eine Verhaltensänderung münden soll, dann muß sie einen anderen Schluß - eine abweichende Lösung - parat haben, als die mit ihr korrespondierende Lebenserfahrung.

Viele der Erfahrungen, die man in einem Outward Bound Kurs macht, können als Metaphern für Lebenssituationen gelesen werden. Man kann sogar behaupten, daß das Maß an metaphorischer Isomorphie, das eine Kurseinheit mit der Lebenssituation des Lernenden aufweist, eines der entscheidendsten Faktoren für dessen Reaktion auf die Kursaktivität darstellt. Das folgende Beispiel dreier Teilnehmer, die das Sichern erlernen, illustriert den Isomorphiefaktor und die Weise, wie eine Metapher alten Strategien einen neuen und angemesseneren Ausgang beilegen kann.

Bei der ersten der drei Teilnehmer handelt es sich um eine Jugendliche, die aus einer großen, aktiven und nach außen orientierten Familie stammt. Die Kompetenzen, die die anderen Familienmitglieder im Durchschnitt aufweisen, entmutigen sie, und sie fühlt sich entsprechend unfähig und von niemandem gebraucht. Sie hat ein ernsthaftes Problem mit ihrem Selbstwertgefühl und zweifelt ständig daran, ob sie überhaupt irgend etwas richtig tun könne. In der Folge neigt sie dazu, sich zurückzunehmen und innerhalb ihrer Familie unbeteiligt zu erscheinen. Tatsächlich jedoch stellt die augenscheinliche Selbstgenügsamkeit ihrer restlichen Familie einen Mythos dar und sie könnte ihre Hilfe benötigen, um einige ihrer Probleme zu lösen.

Im Kurs würde diese Frau zögern, die Verantwortung zu übernehmen, einen anderen Schüler zu sichern. Sie würde sich zurückziehen, sich beim Lernen der Sicherungstechniken ungeschickt und langsam anstellen und viele verbale und nonverbale Hinweise auf ihr Mißbehagen geben.

Wenn es ihr schließlich gelingt, jemanden zu sichern und mehrere Stürze aufzufangen, so ist es wahrscheinlich, daß diese Erfahrung sie tief bewegen wird. Bewußt oder nicht könnte sie daraus die Lehre ziehen, daß sie gebraucht wird, daß sie Stärken hat, und daß ihr Dasein für andere von enormer Bedeutung ist. Wie auch immer, ob sie diese Einsichten auf der Vernunftebene erhielt oder nicht, wird sie diese Tatsachen in irgendeiner psychischen Schicht aufgenommen haben. Diese neue Lernerfahrung vorausgesetzt, ist es sehr wahrscheinlich, daß sich die Beziehung zu ihrer Familie verändern wird, wenn sie wieder nach Hause kommt. Während man schwerlich sagen kann, ob sie sich gänzlich ändern wird, kann man doch mit großer Sicherheit behaupten, daß sie sich in ihrem familiären Umfeld freier wird bewegen können und daß sie während Streßphasen anderen Familienmitgliedern mehr Unterstützung wird geben können.

Vergleichen Sie das mit einem weiteren Teilnehmer, der Sportlehrer an einer Highschool ist. Er hatte bereits zahlreiche erfolgreiche Erlebnisse damit, andere zu unterstützen. Das Sichern lernt er leicht und schnell. Wenn er jetzt die Erfahrung macht, mehrere Stürze aufzufangen, so mag ihm das ein oberflächliches Gefühl der Zufriedenheit vermitteln, aber es ist unwahrscheinlich, daß sich sein Leben in einem Maß verändert, der mit dem ersten Fall vergleichbar wäre. Der Durchgang durch die metaphorische Erfahrung organisiert seine Lebenserfahrungen nicht neu, weil sein Leben schon gemäß der Metapher strukturiert ist.

Der letze Teilnehmer besucht ein College für Orientalistik. Er ist alleinstehend, interessiert sich für seine Studien und hat darin Erfolg. Sein Leben ist hauptsächlich einsam, er ist damit zufrieden, er ist unabhängig und niemand hängt von ihm ab. Seine Fähigkeiten, das Sichern zu lernen muß man sich variabel denken, je nach dem, wie seine motorische Koordinationsfähigkeit ausgeprägt ist. Die Stürze aufzufangen wird ihm ein leichtes, angenehmes Gefühl des Erfolgs und der Interdependenz mit anderen vermitteln. Die Metapher des „Sicherns" ist jedoch in Bezug auf sein übriges Lebens so wenig isomorph, daß sie ihn kaum stark ansprechen wird.

Die verschiedenen Reaktionen dieser drei Teilnehmer zeichnen das Bild möglicher Reaktionen auf eine typische Erfahrungsmetapher bei Outward Bound. Die Lebensgeschichte der ersten Teilnehmerin wies Isomorphie mit der Sicherungssituation auf. Sie verhielt sich demgegenüber in typischer Weise (Rückzug und Ungeschicklichkeit beim Erlernen der Technik), aber das Ergebnis der neuen Erfahrung (nämlich Stürze mit Erfolg aufzufangen), widersprach ihren üblichen Erwartungen. Es sollte klar sein, daß beim Gebrauch von Metaphern im Erfahrungslernen die Isomorphie nur bis zu einem gewissen Punkt aufrechterhalten werden kann. Die Lebenssituation muß kongruent abgebildet werden, aber ein anderer Ausgang - eine neue Lösung - muß mit angeboten werden. Geschieht das nicht, dann wird das übliche Verhalten nur noch verstärkt.

Das genau ist beim zweiten Teilnehmer passiert. Die Metapher des Sichern war vollständig isomorph mit seiner gesunden und stimmigen Lebenserfahrung und sein typisches Reaktionsmuster wurde lediglich verstärkt. Wie der zweite, konnte auch der dritte Schüler dem Sichern nur wenig abgewinnen. Die Sicherungssituation war deshalb für ihn nicht metaphorisch, weil sie in keinem Aspekt Isomorphie mit irgend etwas in seinem Leben aufwies. Sicher: nicht jede Kursaktivität kann für jeden Schüler relevant sein, aber es ist wichtig, daß es nicht zu viele nicht-isomorphe Erfahrungen gibt, sonst wird die Wirksamkeit des Kurses beschränkt sein.

Die transderivationale Suche

Indem man den Kurs als eine Serie von Metaphern vorstellt, unterstellt man, daß das Wesen des Prozesses bei Outward Bound darin besteht, daß die Lernenden metaphorischen Erfahrungen ausgesetzt werden, die sich gegenüber ihren Lebenssituationen isomorph verhalten. Die Teilnehmer ändern sich, weil sie untypische Strategien - erfolgreiche Strategien - zur Anwendung bringen müssen, um die metaphorischen Herausforderungen lösen zu können. Der Kitt, der die Metaphern so stark an die Lebenssituationen anheftet - die Ursache, die zu einer Verhaltensänderung während des Kurses geführt hat, wird verallgemeinernd auf die Normalwelt übertragen - ist ein komplexer kognitiver Prozeß, der hier als transderivationale Suche bezeichnet wird.

Die transderivationale Suche entsprießt der Strategie, die die Menschen in ihrem Umgang mit der Realität benutzen. Jahrhundertelang haben Philosophen behauptet, daß es dem Menschen unmöglich ist, mit der Realität direkt in Kontakt zu treten. Anstatt mit der Welt „wie sie wirklich ist" Bezug aufzunehmen, bilden die Menschen in ihrer Vorstellung Modelle der Welt, deren Bestandteile die Filter ihrer Wahrnehmungen, ihrer persönlichen Meinungen und ihrer kulturellen Haltungen durchlaufen haben. Dieses Modell entspricht der persönlichen Weltsicht, oder einer Landkarte der Wirklichkeit. Der Prozeß, durch den die Äußerung eines anderen dekodiert wird, ist die transderivationale Suche.

Ihre wesentliche Aktivität besteht darin, konkrete Erfahrungen aus der Erinnerung des Empfängers aufzurufen, so daß die abstrakten Bezeichnungen des Senders zu buchstäblichen Entsprechungen gelangen. Ein Beispiel: angenommen, ein Empfänger hört den Satz: „ In den Augen des Mannes glomm ein Blick voll Zorn". Zunächst ruft der Empfänger Erinnerungen auf, die mit „Mann" und „Augen" in Verbindung stehen. Das ist ziemlich einfach, weil die Begriffe konkret sind und der Empfänger tausenden von Erinnerungsspuren nachgehen kann, die zu jedem in Bezug stehen.

„Zorn" ist schwieriger. Der Empfänger blättert in alten Erinnerungen, die mit diesem Begriff in Beziehung stehen und konzentriert sich besonders auf solche, in denen er Zorn in den Augen erblickt hat. Wenn er schließlich eine Erinnerung oder eine Reihe von Erinnerungen aufgespürt hat, die auf „Blick voll Zorn" zutreffen, dann wird er vielleicht so etwas sagen, wie: „Ich weiß, was du meinst". Wenn es aber für ihn schwierig ist, Erinnerungen aus seiner Vergangenheit aufzurufen, die „Blick voll Zorn" definieren, wird der Empfänger vielleicht unbestimmter antworten, mit einem „Ich verstehe ungefähr was du meinst", oder sogar mit einem „Ich bin nicht sicher, ob ich dich verstanden habe." Wird ein guter Sender dieses Mangels an Verständnis gewahr, wird er etwas neues versuchen, wie: „Die Schultern des Mannes waren hochgezogen, seine Zähne zusammengebissen, und wenn er sprach, zitterte seine Stimme vor Wut." Jetzt kann der Empfänger eine neue transderivationale Suche starten und aus ihr vielleicht mit neuen persönlichen Erinnerungen auftauchen, die mit der Vorstellung von „Zorn" übereinstimmen. Ist das Verständnis hergestellt, dann kann der Sprecher mit der Erzählung fortfahren.

Unglücklicherweise ist die Kommunikation selbst an diesem Punkt noch immer unvollständig. Wie oben erwähnt ist die Landkarte der Wirklichkeit von jedem Sender und Empfänger einzigartig. Die Erinnerungen, die die konkrete Grundlage der Vorstellung des Senders von „Zorn" liefern, werden sich notwendig von denen des Empfängers unterscheiden. Wenngleich beide den Eindruck haben mögen, daß sie über das gleiche Wort debattieren, können ihre persönlichen Definitionen davon eklatante Unterschiede aufweisen. Diese potentiellen Unterschiede vorausgesetzt, kann Kommunikation immer nur in Annäherungen bestehen und niemals exakt sein. Es überrascht daher nicht, daß Individuen häufig Mißverständnisse miteinander über die Bedeutungen abstrakter Prinzipien wie Teamarbeit, Risikobereitschaft und Liebe haben.

Transderivationale Suchvorgänge werden auch benutzt, um neuen Erfahrungen Sinn abzugewinnen. Man kann diesen Prozeß bei Outward Bound am Werk sehen, wo Teilnehmer versuchen, Verständnis für das physische Unbehagen aufzubringen, das sie häufig während der Kurse erfahren müssen. Die meisten Teilnehmer haben nicht so viele Erinnerungen parat, die es ihnen erlauben, solch schmerzhaften Erfahrungen positive Bedeutung beizulegen. Daher lassen sie sich auf vielschichtige transderivationale Suchvorgänge ein und versuchen so, ihre unangenehme physische Situation zu rechtfertigen. Von besonderem Interesse ist dieses Beispiel aufgrund der Existenz stereotyper Geschlechtsunterschiede unter Outward Bound Teilnehmern. Typischerweise sind männliche Teilnehmer besser darauf vorbereitet, eine solche Suche durchzuführen und dabei Erinnerungen aufzurufen, die es ihnen erlauben, solch eine Erfahrung in positiver Weise zu interpretieren. Versuche, im Schmerz Sinn zu erkennen, mögen konkrete Erinnerungen an Sportaktivitäten oder an eine -

Lektion des Vaters heraufbeschwören, die eine Interpretation physischen Mißbehagens als starkmachend, charakterbildend und nützlich unterstützen. Wenn Frauen die gleiche Suche durchführen, treffen sie stereotyp auf Erinnerungen, die suggerieren, physisches Mißbehagen sei als Greuel oder als unweiblich einzustufen [2].

Der Mensch führt transderivationale Suchvorgänge nicht nur aus, um ein einzelnes Wort wie „Zorn" oder eine isolierte Erfahrung wie physisches Unbehagen zu verstehen, sondern er stellt sie auch mit ganzen Erfahrungsmustern und vollständigen Ereignissen an. In der Metapher vom Sichern zum Beispiel mußte die erste Schülerin der gesamten Erfahrung des Sicherns Sinn abgewinnen. Sie begann mit ihrer transderivationalen Suche und entdeckte unbewußt, daß der Akt, jemanden zu sichern - und damit die Verpflichtung, für das Wohlbefinden von jemand anderem verantwortlich zu sein - einigen Aspekten ihrer familiären Beziehungen sehr ähnelte. Die Isomorphie war so tiefgreifend, daß sie auf das Sichern beinahe genau so wie auf ihre Familie reagierte. Der Prozeß ihrer transderivationalen Suche lief so schnell ab, daß sie bewußt keine Verbindung zwischen dem Sichern und ihrer Familie herstellen konnte. Die unbewußte Verbindung brachte sie jedoch dazu, die gleichen emotionalen Antworten und das gleiche Verhalten gegenüber dem Sichern hervorzubringen, das sie üblicherweise benutzte, um den Ansprüchen ihrer Familie gegenüberzutreten.

Transderivationale Suchvorgänge treten während jedem Kommunikationsversuch ständig auf; sie sind das sine qua non der Verständigung. Menschliche Wesen sind kognitiv strukturiert, so daß sie der Gegenwart nur unter Beziehung auf buchstäbliche Erfahrungen in ihrer Vergangenheit Sinn abgewinnen können. Dieses Prinzip zu verstehen und zur Anwendung zu bringen, ist eine der grundlegenden Fähigkeiten für jede Kommunikation. Kommunikation wird nur dann schwierig, wenn der Sender möchte, daß der Empfänger etwas Neues lernt. Neue Gegenstände handhaben oder eine alte Aufgabe auf veränderte Weise ausführen, erfordert, daß man neue transderivationale Suchvorgänge beginnt, die den konkreten Erinnerungen eine neue Ausrichtung geben. Das ist ebenso stimulierend, wie es harte Arbeit ist; manchmal ist es so schwer, daß es den Lernenden durcheinanderbringt oder sogar deprimiert.

. . . .

2 Während Teilnehmer und Teilnehmerinnen in dieser stereotypen Weise reagieren können, ist es dennoch wichtig zu erkennen, daß viele moderne Jugendliche und junge Erwachsene von rigiden Geschlechterrollen relativ frei sind. Sie werden dazu neigen, in individueller Weise auf physisches Unbehagen zu reagieren.

Diese Fähigkeit, eine neue Strategie zu erlernen, indem man konkrete Erinnerungen neu ordnet und reorganisiert, ist der fundamentale Prozeß - der wirksame Bestandteil - in der traditionellen Psychotherapie und Erziehung. Dies ist auch die Weise, in der anekdotische und erfahrungsmäßige Metaphern Menschen helfen, sich zu ändern und sich weiterzuentwickeln. Der metaphorische Zugang ist jedoch für gewöhnlich wirksamer und dauerhafter als konventionelle Zugänge. Im normalen Bildungserleben, wie beim Lesen, neigt der Empfänger dazu, die transderivationale Suche lediglich auf einer intellektuellen Ebene durchzuführen. Demgegenüber unterläuft die transderivationale Suche beim Einsatz von Metaphern intellektuelle Konzepte und zielt auf entscheidende emotionale Erfahrungen. Außerdem vergleicht die Metapher normalerweise ganze Erfahrungsmuster und nicht nur einzelne Vorstellungen. Der Vorgang, in dem eine Metapher ein ganzes Muster vergleicht, ist so wirkungsmächtig, daß die Metapher und ihr Korrelat im tatsächlichen Leben unentwirrbar miteinander verknüpft werden. Erinnern Sie sich an das erste Beispiel der Sichernden. Ihre Reaktion auf das Sichern und ihr stereotypes Verhalten gegenüber ihrer Familie waren so miteinander verflochten, daß sie auf das Sichern physisch und emotional genauso reagierte, wie sie dies gegenüber ihrer familiären Situation tat. Einem außenstehenden Beobachter erschien es, als sichere sie; aber vom Gesichtspunkt ihrer psychologischen Wirklichkeit aus könnte man argumentieren, daß sie das Drama ihrer Beziehung zu ihrer Familie ausagierte.

Dies ist ein bedenklicher Punkt: in tiefgreifend isomorphen Metaphern lebt der Teilnehmer in zwei Realitäten gleichzeitig. In der eigentlichen Realität durchläuft er die Erfahrung eines Outward Bound Kurses; in seiner psychologischen Realität macht er sowohl die Kurserfahrung, als auch die korrespondierende Lebenserfahrung. Der Mechanismus der transderivationalen Suche bindet die beiden Erfahrungen so fest aneinander, daß die eine nicht mehr von der anderen zu trennen ist.

Wenn zwei Erfahrungen so innig miteinander verknüpft werden, wird die etablierte Strategie der Lebenserfahrung für gewöhnlich die Oberhand gewinnen und die metaphorische Erfahrung wird im gleichen Stil durchgeführt werden, wie die Lebenserfahrung es vorgibt. Wenn der Schüler die Situation sonst gut beherrscht, wird er auch während der metaphorischen Erfahrung Erfolg haben und wenn er mit ihr ansonsten nicht klar kommt, wird er Mißerfolg erleiden. Der Outward Bound Kurs ist jedoch ausdrücklich so konzipiert, daß er Erfolgserlebnisse fördert. Wenn plötzlich Strategien des Mißlingens auftreten, dann sorgt der Anleiter, die Gruppe und das Kursdesign dafür, daß eine atypische Lösung für die metaphorische Herausforderung gefunden wird - eine Lösung, die dem Schüler ein Erfolgserlebnis vermittelt. Er kennt jetzt zwei Wege, um auf seine Situation zu reagieren: den alten Weg, der zu Mißerfolg und vermindertem Selbstwertgefühl und den neuen Zugang, der sichtlich zum Gelingen führt. Und diese neue Strategie wird künftig in jeder Lebenssituation, die mit der metaphorischen Erfahrung isomorph ist, verfügbar sein.

Die Vorstellung, daß man zeitgleich zwei Realitäten durchlebt, ist selbstverständlich ein Ideal. In der Praxis ist die Metapher niemals hundertprozentig isomorph mit der Lebenssituation; sogar psychologisch gesprochen stimmen Lebens- und metaphorische Erfahrung nie perfekt miteinander überein. Aber ohne Frage lassen gut gestaltete Metaphern tiefgreifende und bedeutungsvolle Verbindungen mit isomorphen Lebenserfahrungen entstehen. Menschen, die eine metaphorische Erfahrung durchlaufen haben, deren Ergebnis hin zum Erfolg verändert wurde, haben damit ihre typischen Lebensstrategien neu organisiert.

Die transderivationale Suche und die Isomorphiebildung haben starke Auswirkungen auf das tendenziell schwierige Terrain der Übertragung von Lerninhalten aus dem Kurs auf das Verhalten zu Hause. Bezeichnenderweise sahen Outward Bound Anleiter den Transfer als etwas, das bewerkstelligt würde, indem man Fertigkeiten vermittelt, die sich direkt im Alltagsleben anwenden liessen (z.B. Erste Hilfe), oder indem man ausführliche Diskussionen und Nachbesprechungen pflegt, die darauf insistieren, wie neue persönliche Einsichten und Leistungen zu Hause von Nutzen sein könnten. Eine metaphorische Analyse legt nahe, daß diese Zugänge die grundlegenden Vorgänge ignoriert haben, die sich beim Transfer abspielen.

Wirkungsvoller Transfer verlangt wesentlich, daß die Kurserfahrungen mit den Lebenserfahrungen des Lernenden hochgradig isomorph sind. Wenn das der Fall ist und wenn die Kursaktivitäten für erfolgreiche Lösungen als Ersatz für frühere unproduktive Strategien gesorgt haben, dann wird dies zu positiven Veränderungen im Alltagsleben führen. Isomorphiebildung, neue Ausgänge für stereotype Strategien und Erfolgserlebnisse sind die entscheidenden Erfordernisse für den Transfer. Die Anleiter können es sich leisten, sich weniger mit Diskutieren zu befassen und sich mehr darauf zu konzentrieren, für geeignete Kurserfahrungen zu sorgen. Das verlegt den Akzent zurück in die Sphäre, in der Outward Bound Mitarbeiter einzigartige Qualifikationen besitzen: in die Sphäre der Aktion, des Abenteuers und der Erfahrung.

Das will nicht besagen, daß Nachbesprechungen nutzlos oder uneffektiv seien. Es ist richtig, daß die wesentlichen Bestandteile für den Transfer in erfolgreichen Lösungen isomorpher Kurserfahrungen bestehen, aber man muß sich ins Gedächtnis rufen, daß die Nachbesprechung selbst eine Kurserfahrung darstellt. Eine verbale Erfahrung kann ebenfalls mit tatsächlichen Lebensproblemen isomorph sein - tatsächlich ist dies genau die Weise, in der die Psychotherapie funktioniert. Eine wirkungsmächtige Nachbesprechung kann zum Transfer beitragen, aber nicht - wie normalerweise angenommen - indem sie dem Schüler hilft zu „verstehen", was er zuvor gelernt hat. Eher ist die Nachbesprechung selbst ein erfahrungsorientierter Veränderungsprozeß. Nochmals: sie ist Handlung - wenngleich verbale Handlung - und kein bewußtes Verstehen, das für die Möglichkeit des Transfers grundlegend wäre.

Zusammenfassend sei festgestellt, daß Outward Bound Kurse anbietet, die in erster Linie aus erfahrungsorientierten Metaphern zusammengesetzt sind. Einige dieser Metaphern werden dank ihrer isomorphen Struktur mit ausgewählten Lebenssituationen verknüpft. Aufgrund der Prinzipien der transderivationalen Suche heißt die metaphorische Erfahrung verändern zugleich, die Strategie des Alltagslebens ändern. Transfer verlangt adäquate Isomorphiebildung, nicht massenhafte Diskussionen oder Übertragungsfertigkeiten.

Wie man Metaphern nutzt

Die vorhergehenden Abschnitte beschrieben die theoretischen Prinzipien, denen der wirksame Gebrauch der Metapher unterliegt. Dieser Abschnitt soll sich auf ein formales Modell konzentrieren, das die Schritte aufzeichnet, denen zu folgen ist, wenn man tatsächlich Metaphern im Kurs einsetzt.

Schema 1 auf Seite 37 stellt das metaphorische Modell in Form eines Diagramms dar. Die ersten Schritte im Modell befassen sich mit der Einschätzung. Der Anleiter beginnt, indem er formale und nicht-formale Methoden der Einschätzung benutzt, um den aktuellen Stand der Gruppe zu bestimmen. Als nächstes vergleicht er den aktuellen mit dem wünschenswerten Stand. Der angestrebte Zustand einer Gruppe verändert sich von Kursmoment zu Kursmoment. Teilweise wird er durch die persönliche Sicht des Anleiters von Outward Bound, teilweise durch die individuellen Bedürfnisse der bestimmten Gruppe beeinflußt. Kapitel II konzentriert sich auf die Themen der Einschätzung und der Zielsetzung.

Den Unterschied zwischen dem aktuellen und dem gewünschten Zustand zu tilgen, wird zum Ziel der metaphorischen Intervention. Eine erfolgreiche Intervention setzt das Beherrschen dreier Hauptgrundsätze voraus. Als erstes muß der Anleiter die verdeckten psychologischen Botschaften verstehen, die mit den typischen Aktivitäten eines Outward Bound Kurses impliziert werden. Viele der Kursinhalte beinhalten archetypische Themen. Kapitel IV befaßt sich damit, wie Archetypen auf den Kurs einwirken und wie der Anleiter sie in der geeignetsten Weise nutzen kann.

Zweitens muß der Anleiter in der Lage sein, die Kursaktivitäten so anzupassen, daß die Kursmetaphern so isomorph wie nur möglich mit den Lebensbedürfnissen der Gruppe sind. Drittens muß er eine Reihe von Techniken beherrschen, die es erlauben, den metaphorischen Herausforderungen erfolgreiche Ausgänge beizulegen. Die Methoden zur Isomorphiebildung werden ebenso wie die Methoden, Erfolgserlebnisse herbeizuführen, in Kapitel III behandelt.

Kapitel V untersucht, was zu tun bleibt, wenn die metaphorische Intervention scheitert. Neben der Untersuchung typischer Fehler während metaphorischer Interventionen, befaßt sich dieses Kapitel auch mit dem Ort psychotherapeutischer Techniken (wie Konfrontation, Gruppendynamik und individuelle Beratung) in einem Outward Bound Kurs. Zum Schluß bildet Kapitel VI mit integrierendem Material die Klammer, die es dem Leser erlaubt, die theoretischen Passagen mit den angewandten Methoden in den folgenden Kapiteln zusammenzubringen.

Schema 1: DAS METAPHORISCHE MODELL

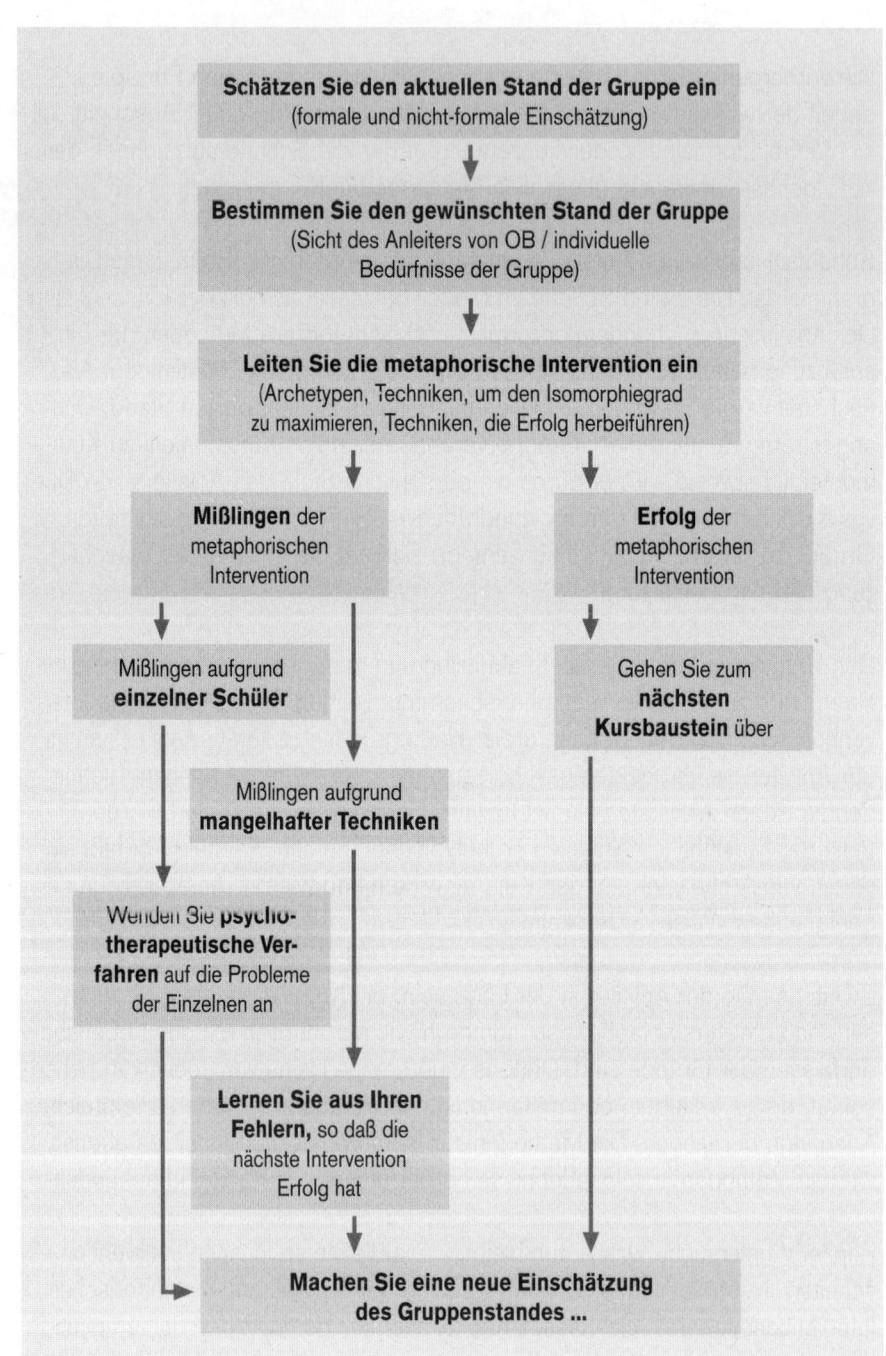

Schätzen Sie den aktuellen Stand der Gruppe ein
(formale und nicht-formale Einschätzung)

Bestimmen Sie den gewünschten Stand der Gruppe
(Sicht des Anleiters von OB / individuelle Bedürfnisse der Gruppe)

Leiten Sie die metaphorische Intervention ein
(Archetypen, Techniken, um den Isomorphiegrad zu maximieren, Techniken, die Erfolg herbeiführen)

Mißlingen der metaphorischen Intervention

Erfolg der metaphorischen Intervention

Mißlingen aufgrund **einzelner Schüler**

Gehen Sie zum **nächsten Kursbaustein** über

Mißlingen aufgrund **mangelhafter Techniken**

Wenden Sie **psycho-therapeutische Verfahren** auf die Probleme der Einzelnen an

Lernen Sie aus Ihren Fehlern, so daß die nächste Intervention Erfolg hat

Machen Sie eine neue Einschätzung des Gruppenstandes ...

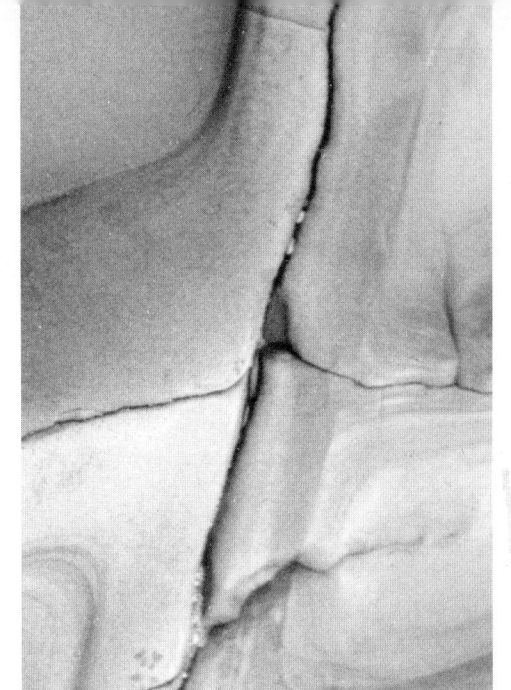

Die Einschätzung

Die größtmögliche Füllmenge

Die Dorfbewohner hatten eine alte und wertvolle chinesische
Vase gefunden. Im Teehaus gab es Streit darüber,
wieviel wohl genau hineinpassen möge.
Sie stritten immer noch, als der Mullah eintrat. Da wandten
sich die Leute an ihn und baten um einen Schiedsspruch.
„Ganz einfach", sagte Nasreddin. „Bringt die
Vase zusammen mit etwas Sand hierher."
Er ließ die Vase Lage um Lage mit feinem Sand füllen,
den er mit einem Holzhammer nach unten drückte.
Schließlich zerbarst sie.
„Seht Ihr," - wandte er sich triumphierend an die Versammlung -
„die größtmögliche Füllmenge ist erreicht. Alles, was Ihr jetzt
noch tun müßt, ist, ein einziges Sandkorn zu entfernen, dann
habt Ihr genau die Menge, die man braucht, um so einen
Behälter zu füllen."

Der Hauptzweck der Einschätzung ist es, Informationen über die Teilnehmer zu sammeln, so daß die Metaphern so isomorph wie nur möglich mit ihrem sonstigen Leben sein können. Dieses Konzept der Informationsbeschaffung mag die finstere Vision von Anleitern heraufbeschwören, die ausführliche Vorgeschichten sammeln oder von Stunden, die man mühselig damit verbringt, Stärken und Schwächen der Schüler zu katalogisieren. Zum Glück ist das nicht nötig.

Eines der fundamentalen Prinzipien des Outward Bound Paradigmas besteht darin, daß die Outward-Bound-Welt ein mikrokosmisches Modell des Alltagslebens darstellt. Der Mikrokosmos ist einfacher und eher auf die Grundlagen reduziert gebaut als die Normalwelt, aber ihre allermeisten wichtigen Elemente sind darin bewahrt. Das bedeutet in der Praxis, daß beinahe alle kritischen Themen, die das Leben der Teilnehmer beherrschen, im Kurs ganz schnell an die Oberfläche kommen. Die Teilnehmer werden dann versuchen, mit diesen Themen zurande zu kommen, indem sie die Strategien anwenden, die für ihr Verhalten zu Hause typisch sind.

Da die Kursthemen virtuelle Doppelungen der Themen im Alltagsleben sind, kann die Einschätzungsarbeit fast ausschließlich auf die Kursaktivitäten selbst beschränkt werden. Die Kursleiter können sich mit Handlungen beschäftigen, die sie oder die Gruppe direkt beobachten konnten und sind nicht auf Selbstaussagen über vergangenes Verhalten angewiesen. Dieser Zugang bietet mehrere Vorteile. Erstens macht er es unnötig, daß Teilnehmer Gegenstände aus ihrer persönlichen Geschichte preisgeben. Vielen widerstrebt es, intime Dinge aus ihrem Leben zu Hause mitzuteilen und sind empfindlich gegenüber starkem Druck, es doch zu tun. Zweitens ist die Beobachtung fast immer genauer als die Selbstaussage. Es ist immer interessant und oft nützlich, die Selbsteinschätzungen der Teilnehmer über ihre Stärken und Schwächen zu hören, aber diese Selbstwahrnehmungen sind häufig unzutreffend. Aber ungeachtet dessen, ob ihre Aussagen nun richtig oder falsch sind, werden ihre Handlungen schnell den tatsächlichen Stand ihrer innerlichen und ihrer zwischenmenschlichen Prozesse enthüllen.

Ein zweites Hauptthema bei der Einschätzung ist die Frage, ob man Einzelpersonen oder eine ganze Gruppe einschätzt. Theoretiker der Psychologie haben vorgeschlagen, Gruppentherapeuten sollen sich verhalten, als hätten sie nur einen einzigen Klienten - nämlich die Gruppe - und nicht eine Anzahl individueller Klienten vor sich. Sie argumentieren, daß die Gruppe ein einheitliches, kollektives Bewußtsein ausprägt, das eine besondere Legierung aus den Persönlichkeiten aller Beteiligten darstellt. Dieses kollektive Bewußtsein ist mehr als die bloße Summe der Individuen; es ist eine einzigartige *Gestalt* [1], die, allerdings nicht additiv, durch die Interaktionen jedes Gruppenmitglieds entsteht. Der Kursleiter sollte sich demnach darauf konzentrieren, die Gruppe als Ganzes einzuschätzen, anstatt sich zu sehr von einer Orientierung am Individuum leiten zu lassen. Ist die Gruppe selbst gesund - hat sie angemessene Umgangsformen, genug gesunden Menschenverstand, vernünftiges Risikoverhalten und Einsicht - dann werden die einzelnen Gruppenmitglieder ebenso gesund sein. Anders gewendet wird der Outward Bound Kurs ungeachtet der Aufmerksamkeit, die der Kursleiter den einzelnen Teilnehmern schenkt, seine volle Wirksamkeit nicht entfalten, wenn die Gruppe als Ganzes nicht funktioniert.

Praktisch bedeutet das, daß die Kursleiter nicht versuchen, jeden einzelnen ihrer Kursteilnehmer zu „klassifizieren", zu „therapieren" oder zu „heilen". Es mag stimmen, daß es einem bestimmten Teilnehmer an einigen persönlichen Qualitäten mangelt. Aber dieses Defizit führt für die Gruppe als Ganzes zu keinerlei Schwierigkeiten und wenn es das Erlebnis dieses Einzelnen bei Outward Bound nicht stört, dann gibt es keinen Anlaß, verändernd auf ihn einzuwirken.

Indem man Interventionen auf die Themen beschränkt, die direkt zu Spannungen führen, gewährleistet man, daß die Interventionen zugleich angemessen und wirkungsmächtig sind. Die Kursleiter sind dafür verantwortlich, daß die Teilnehmer im Outward Bound Kurs eine positive Erfahrung durchmachen; sie sollten sich jedoch nicht unter dem Druck fühlen, das ganze Leben ihrer Teilnehmer umzukrempeln. Der verallgemeinernde Transfer wird durch gute Metaphern ermöglicht, und nicht dadurch, daß man sich auf periphere Themen konzentriert, die keinen Bezug auf den Kurs haben.

Zusammenfassend ist die Einschätzung der Versuch, die Bedürfnisse der Gruppe genau zu erfassen, so daß die Kursmetaphern so isomorph wie nur möglich mit den Erfahrungen des Alltagslebens sein werden. Sie sollte sich auf das Verhalten im Kurs stützen und nicht auf Vorgeschichten. Schließlich sollte der Kursleiter die Bedürfnisse der Gruppe als Ganzes im Auge behalten und sich nicht zu sehr auf die Funktionstüchtigkeit einzelner Individuen einlassen.

- -
[1] Im Original deutsch. (C.S.)

Die Einschätzung des momentanen Zustands

In mancher Hinsicht ist ein Outward Bound Kurs eine ziemlich durchstrukturierte Angelegenheit. Noch bevor die Teilnehmer angekommen sind, stehen die Routen, und die Reihenfolge der hauptsächlichen Kursaktivitäten (wie z.B. Klettern, Marathon und Solo) ist festgelegt. Mit perfekten Teilnehmern, einem perfekten Kursleiter und perfektem Wetter würde der vorläufige Kursplan nie irgendeiner Modifikation bedürfen.

Im wirklichen Leben sind die Dinge natürlich nie perfekt, und so werden Flexibilität und Veränderung zu entscheidenden Kriterien, um einen guten Kurs durchzuführen. Einschätzung heißt hier, Hinweise zu sammeln, die dem Kursleiter ankündigen, wann es Zeit ist, den ursprünglichen Plan zu ändern. Einschätzung bedeutet, Informationen zusammenzutragen, die einen wissen lassen, wann der Kurs gut läuft und wann er scheitert.

Konstantes und fortwährendes Bewußtsein über den Stand und die Fortschritte der Gruppe macht das Herz jeder Einschätzung aus. Man bezeichnet sie aufgrund ihrer unstrukturierten Natur als nicht-formale Einschätzung und sie erfaßt solche Fragen, wie die Fertigkeiten der Teilnehmer beim Felsklettern, ihre Zusammenarbeit beim Paddeln und ob sie zum abendlichen Beisammensein freiwillig kommen.

Diese nicht-formale Einschätzung versucht, die inneren Erfahrungen der Teilnehmer durch aufmerksames Beobachten und Zuhören zu erschließen. Die Kursleiter fragen nach psychischen Zuständen wie dem Beherrschen einer Tätigkeit, Depression, Einsichtsfähigkeit und Langeweile. Einige dieser Zustände können ziemlich leicht bestimmt werden, indem man einfach beobachtbares Verhalten registriert. Aber man kann viel mehr Informationen sammeln, als man normalerweise für möglich hält. Eine ausgefeilte nicht-formale Einschätzung erfordert, daß die Beobachtungsfähigkeiten des Kursleiters sehr hoch entwickelt sind und daß er in der Lage ist, die subtilsten Veränderungen im non-verbalen Verhalten festzustellen. Selbstverständlich lesen alle Kursleiter - ja alle menschlichen Wesen - non-verbale Zeichen bis zu einem gewissen Grad. Es ist klar, daß der Kursleiter sich Gedanken machen muß, ob ihm ein Teilnehmer aus dem Kurs fällt, wenn der am dritten Tag mit einem depressiven Ton sagt, daß der Kurs für ihn „schon o.k." sei. Aber ein wirklich ausgefeiltes Verständnis non-verbaler Botschaften geht weit darüber hinaus. Wie viele Kursleiter sind bewußt in der Lage, Hinweise wie kurzes Erröten, eine Veränderung in der Atemfrequenz oder kleine Verschiebungen der Körperhaltung zu interpretieren?

Je mehr Information den Kursleitern zur Verfügung steht, desto eleganter können sie ihre Kurse konzipieren. Selbstverständlich kann man von einem Kursleiter nicht verlangen, all die subtilen Fertigkeiten der nicht-formalen Einschätzung zu beherrschen, aber je mehr er solche Fähigkeiten beherrscht, desto wirkungsvoller wird er arbeiten. Leider liegt es außerhalb des Themenbereichs dieses Buches, genauer auf die Fertigkeiten einzugehen, die zur nicht-formalen Einschätzung auf einer fortgeschrittenen Stufe gehören.

Idealerweise sollte die nicht-formale Einschätzung genug Informationen zu Tage fördern, um den genauen Zustand der Gruppe angemessen zu bestimmen. Da jedoch niemand perfekt darin ist, non-verbale Zeichen zu lesen, ist es oft hilfreich, wenn man die Informationen, die man in der nicht-formalen Einschätzung erhalten hat, durch einige formale Einschätzungstechniken ergänzt. Als formale Einschätzung kann man jede Aktivität des Kursleiters bestimmen, die zum Teil oder einzig dem Zweck dient, Informationen zur Einschätzung hervorzubringen. Dies ist eine ziemlich weite Definition, die erlaubt, fast alles unter dem Begriff der formalen Einschätzung einzuordnen. Einer Gruppe die Anweisung zu geben, „The Wall" zu überwinden, erlaubt eine Einschätzung der Bereiche Führung und Kooperation, eine anstrengende Wanderung läßt die Themen der gegenseitigen Rücksichtnahme und des Selbstvertrauens einschätzen u.s.w. Der kreative Kursleiter kann eine unbegrenzte Anzahl von Arten entwickeln, angestrebte Qualitäten in der Gruppe einzuschätzen.

Eine formale Einschätzungstechnik, die so breit anwendbar und so wirkungsvoll ist, daß sie besondere Erwähnung verdient, ist das Blitzlicht. Es gibt eine ganze Menge erfolgreicher Varianten des Blitzlichts, eine davon wird wie folgt durchgeführt.

Die Teilnehmer und Kursleiter sitzen in einem Kreis. Nacheinander beschreibt jeder, auf welche Weise ihn oder sie die Aktivität des Tages berührt hat. Die Teilnehmer können wählen, ob sie darüber sprechen wollen, wie sie sich jetzt gerade oder während des Tages fühlten. Es gibt nur zwei Regeln. Die Teilnehmer müssen darüber sprechen, wie sie sich fühlen - was in ihnen vorgeht - und dürfen den Blickpunkt nicht verändern und über andere reden. Es ist bedeutsam, daß sie ihre eigenen Gefühle wahrzunehmen und auszudrücken lernen. Die zweite Regel besagt, daß das Blitzlicht kein Dialog ist; Kommentare der anderen werden auf klärende Fragen beschränkt und die Gruppe wird daran gehindert, sich auf einen Teilnehmer oder auf ein Dilemma zu konzentrieren. Freilich gibt es Ausnahmen von dieser zweiten Regel. Manchmal taucht in einem Blitzlicht etwas auf, worauf man sofort reagieren muß. Im allgemeinen jedoch ist es am besten, jeden erst einmal ausreden zu lassen und dann auf jede einzelne Situation zurückzukommen, die einer besonderen Aufmerksamkeit oder der Diskussion bedarf. Während der Einstiegsphase des Kurses, wenn die Gruppe die Blitzlichtregeln lernt, wird der Kursleiter häufig aktiv und direktiv unterstützend eingreifen müssen. Aber nach einer gewissen Zeit werden es die meisten Gruppen begreifen und spontan einander dabei helfen, Gefühle mitzuteilen.

Über die formale Einschätzung hinaus hat das Blitzlicht viele Vorzüge. Es verbessert die Gruppenkommunikation, entschärft potentielle Konfliktsituationen und schafft ein Forum für Problemlösungen, für unterstützende Bemerkungen und für Bezeugungen der Anerkennung. Während diese Vorzüge zweifellos wertvoll sind und in vernünftigem Maß unterstützt werden sollten, ist es doch wichtig, die Blitzlichter nicht in nächtliche Therapiesitzungen ausarten zu lassen. Der Schwerpunkt eines Outward Bound Kurses sollte auf der Aktion und der Erfahrung liegen. Allgemein ist es am sinnvollsten, Gruppenzusammenkünfte und Nachbesprechungen auf eine aufbauende Funktion zurückzuverweisen. Outward Bound möchte die möglichen wertvollen Beiträge eines Zugangs, der aus der therapeutischen Fachrichtung kommt, nicht in Abrede stellen, aber es ist entscheidend, daß diese Hilfstechniken mit Feingefühl eingesetzt werden.

Neben den anderen Vorteilen bietet das Blitzlicht ungeheuren Nutzen als Werkzeug der formalen Einschätzung. Oft ist es der einzige Weg, auf dem ein Kursleiter den inneren Zustand der eher schüchternen Gruppenmitglieder beurteilen kann. Außerdem zeigt es die artikulationsfähigeren und redebereiteren Teilnehmer in einem neuen Zusammenhang. Nicht selten entdeckt ein Kursleiter, daß sie gar nicht so fröhlich sind, wie sie sich geben. Blitzlichter werden besonders wertvoll in einem fortgeschrittenen Kursstadium, wenn die Kursleiter zunehmend weniger Zeit mit ihrer Gruppe gemeinsam verbringen. Zu diesem Zeitpunkt ist das Blitzlicht oder eine vergleichbare Aktivität nahezu das einzige Mittel, um die Gruppe adäquat einschätzen zu können.

Nachbesprechungen sind offenkundig eng mit dem Blitzlicht verwandt und in der Lage, die gleichen Vorteile hinsichtlich der Einschätzung, Kommunikation und Problemlösung hervorzubringen. Wegen der mangelnden Struktur in Nachbesprechungen muß der Kursleiter jedoch mit zwei Faktoren behutsam umgehen. Erstens werden sich die ruhigeren Teilnehmer für gewöhnlich zurücknehmen und dann, wenn sie etwas sagen, dazu neigen, die Antworten ihrer Vorgänger nachzuplappern. Zweitens ist der Kursleiter oft ungeduldig, der Gruppe im Hinblick auf die gerade abgeschlossene Aktion einen Lerninhalt zu vermitteln. Diese Ungeduld kann ihn manchmal dazu veranlassen, schnell auf seine eigenen Ziele zu kommen, ohne dabei die tatsächlichen Effekte der Aktivität auf die Teilnehmer angemessen zu bemerken. Es ist immer wichtig zu wissen, wo die Teilnehmer gerade herkommen, bevor man versucht, sie irgendwo anders hinzuschicken und das trifft besonders auf Nachbesprechungen zu, die man für die formale Einschätzung nutzen will.

Zusammenfassend meint die Bestimmung des gegenwärtigen Zustands der Gruppe ein Ergebnis aus der Kombination nicht-formaler und formaler Einschätzungsmethoden. Die wahre Meisterschaft der nicht-formalen Einschätzung beruht auf der Fähigkeit, subtile nonverbale Hinweise zu lesen und zu verstehen. Aber wenn sie von einem klugen Einsatz formaler Einschätzungsmethoden ergänzt wird, kann selbst eine durchschnittliche Fertigkeit, nonverbale Botschaften zu entziffern, ausreichen, um den Bedürfnissen des Kursleiters zu genügen.

Die Einschätzung des gewünschten Gruppenzustands

Die Einschätzung des aktuellen Gruppenzustands ist außerordentlich wichtig. Aber eine solche Einschätzung ist sinnlos, solange man keine Vorstellung davon hat, wohin die Gruppe kommen soll - eine Vorstellung von einem idealen oder wünschenswerten Zustand. Zum Teil wird dieser gewünschte Zustand von der Outward Bound Philosophie festgelegt und bestimmt, aber er wird auch deutlich durch die Bedürfnisse und Wünsche der einzelnen Teilnehmer beeinflußt.

Jede Gruppe ist anders. Das heißt ganz klar, daß jede Gruppe einen unverwechselbaren, individuellen Wunschzustand haben wird. So leicht man das sagen kann, so schwer kann es in der Praxis auszuführen sein. Erzieher und Therapeuten laufen ständig Amok und zwingen den Teilnehmern ihre eigenen Überzeugungen und ihren persönlichen Stil auf, ohne Rücksicht darauf, ob diese Überzeugungen brauchbar oder angemessen sind. Die Fähigkeit zuzuhören, zu verstehen und jemanden dabei zu unterstützen, seinen eigenen Traum zu verwirklichen, ist eine seltene und wunderbare Gabe.

Im Gegenzug ist es jedoch von ausschlaggebender Bedeutung, alle Outward Bound Schüler auf die Outward Bound Ziele hinzuführen. Die Schüler haben sowohl einen verdeckten wie einen offenen Vertrag mit Outward Bound geschlossen, - zumindest für die Zeit des Kurses - dem Outward Bound Leben ausgesetzt zu sein, von ihm zu lernen und sogar in es hineingetrieben zu werden.

Der gewünschte Zustand einer Gruppe muß sich daher aus einer Kombination aus den individuellen Bedürfnissen der einzelnen Schüler und der persönlichen Auffassung des Kursleiters von Outward Bound ergeben. Es ist nicht das Anliegen dieses Buches, Outward Bound zu definieren - diese Arbeit bleibt dem einzelnen Kursleiter in Auseinandersetzung mit der „Philosophie" von Outward Bound überlassen. Dennoch darf man es für unerläßlich erachten, daß die Auffassung des Kursleiters eine ziemlich reflektierte sei. Sie muß stark genug sein, um sich in Dutzenden zweideutiger, komplizierter und werthaltiger Situationen zu bewähren. Die Kursleiter sollten eine Vorstellung davon besitzen, wie sie möchten, daß sich ihre Gruppe in Fragen des Zusammenhalts, der Fürsorge, der Unterstützung, der Führung, des gesunden Menschenverstands, der Sicherheit, der Verantwortung, der Begeisterung, des Humors, der Risikobereitschaft, der Ästhetik, des Umweltbewußtseins, der Neugier, der Wißbegierde und der Spiritualität verhält. Mitarbeiter, die mit der Kontrolle, die sie über den Kurs haben, oder mit seinen Ergebnissen chronisch unzufrieden sind, dürften erfolgreiche Ursachenforschung betreiben, indem sie Art und Klarheit ihres eigenen Outward Bound Bildes erforschen. Dieses Bild ist das sine qua non der Kursleitung - fehlt es, kann man gar nichts erreichen.

Von der
Einkleidung
der Metapher

Der Yogi, der Priester und der Sufi

Nasreddin zog ein Sufi-Gewand an und beschloß, auf eine Pilgerreise zu gehen. Unterwegs traf er einen Priester und einen Yogi und sie beschlossen, sich zusammen zu tun.

Als sie ein Dorf erreichten, baten ihn die anderen, um milde Gaben zu betteln, während sie ihre Gebete verrichteten. Nasreddin sammelte etwas Geld und kaufte davon Helwa.

Er schlug vor, das Essen zu teilen, aber die anderen, die noch nicht hungrig genug waren, meinten, man solle es bis zum Abend aufheben. Sie setzten ihren Weg fort; und als die Nacht heraufzog, bat Nasreddin um die erste Portion, „denn durch mich haben wir das Essen bekommen." Die anderen weigerten sich: der Priester mit dem Argument, daß er eine gut organisierte, hierarchische Kirche repräsentiere und ihm daher Vorrang gebühre; der Yogi, weil er nur einmal in drei Tagen esse und daher mehr brauche.

Schließlich beschlossen sie, sich schlafen zu legen. Am Morgen sollte der, der den besten Traum erzählen könne, als erster vom Helwa essen dürfen.

Des Morgens erzählte der Priester: „In meinen Träumen sah ich Jesus, den Begründer unserer Religion, wie er das Kreuzzeichen über mir schlug und mich als Gesegneten auserwählte."

Die anderen waren beeindruckt, aber der Yogi sprach: „Mir träumte, ich besuchte das Nirwana und wurde gänzlich im Nichts aufgelöst."

Sie wandten sich an den Mullah. „In meinem Traum sah ich den Sufilehrer Khdir, der nur den Heiligsten erscheint. Er sagte: „Nasreddin, iß das Helwa - jetzt!" Natürlich mußte ich gehorchen."

Ist die Einschätzung einmal abgeschlossen, muß der Kursleiter eine passende Metapher einführen, die so beschaffen ist, daß sie den Defiziten der Gruppe als Korrekturmittel dienen kann. In einigen Fällen kann das bedeuten, daß man eine besondere Aktivität auswählt und anbietet; aber da der Großteil der Hauptaktivitäten eines Kurses lange vor Ankunft der Teilnehmer festgelegt wurde, muß der Kursleiter in der Lage sein, die Bedeutung eines auftretenden Ereignisses so zu modifizieren, daß jede vorab geplante Aktivität auf jedes der besonderen Bedürfnisse der Gruppe antworten kann.

Offenkundig kann eine bestimmte Kursaktivität ganz verschiedene Dinge bedeuten, je nach dem, wer sie durchführt. Für einen Teilnehmer bedeutet das Erklimmen eines Gipfels Ausdauer; ein zweiter wird die Bewußtheit und Sorgfalt betonen, die zum Klettern nötig ist; ein dritter wird durch den Zusammenhalt der Gruppe beeindruckt. Ebenso offenkundig ist, daß der Kursleiter bei der Gestaltung der Erwartungen und Reaktionen auf eine Aktivität eine entscheidende Rolle spielt. Eine anspruchsvolle Wanderung kann als „Chance herauszufinden, wie hart ihr im Nehmen seid", als „Möglichkeit für die Gruppe zu lernen, wie man sich in schwierigen Situationen umeinander kümmert", oder als „ein Tag, an dem alle Teilnehmer etwas Neues über ihre Art, mit Streß umzugehen, lernen können" eingeführt werden. Diese drei verschiedenen Einführungen werden radikal unterschiedliche Erfahrungen bei der Gruppe erzeugen.

Die Einführung, die die Härte betont, wird die individuelle Unabhängigkeit fördern und einen Geist des Wettkampfs heraufbeschwören. Die Teilnehmer werden dazu neigen, den kommenden Tag als Test aufzufassen, den es zu bestehen gilt. Wahrscheinlich werden die isomorphen Erfahrungen des Alltagslebens mit Examenssituationen ihre Reaktionen auf die Wanderung beeinflussen. Die Erfolgsgewohnten werden sich als hart und ausdauernd erweisen, während die chronischen Verlierer eher zaudern und zurückfallen werden. Diejenigen, die den Mißerfolg in Testsituationen gedanklich vorwegnehmen, werden auf den Kursleiter irgendwie sauer sein. Wenn sie das ausdrücken, werden sie sich darüber beschweren, daß sie nicht zum Kurs gekommen seien, um herauszufinden, wie hart sie seien. Vielmehr glauben sie, daß „Härte" ein überkommener, infantiler und naiver Zugang sei und daß sie statt dessen die Gelegenheit suchten, sich mit Anmut durch die Berge zu bewegen und wahrhaft in den Fluß der Dinge einzutreten!

Weniger artikulationsmächtige, aber ähnlich ängstliche Teilnehmer werden ihren Widerstand in einer eher passiv-aggressiven, indirekten Weise äußern. Es wird schwer sein, sie am nächsten Tag aus ihren Schlafsäcken zu bewegen, sie werden langsam packen und sich über alle möglichen körperlichen Leiden beklagen oder sogar im Verlauf des Tages kleine Unfälle erleiden.

Ein Setting, das Härte betont, ermutigt die starken Gruppenmitglieder dazu, die körperlich Ängstlichen als unwert, als Versager oder als pflichtvergessen abzuqualifizieren. Die Gruppe wird polarisiert in diejenigen, die das rechte Zeug - Härte - mitbringen, und die anderen, die es nicht haben.

Die Einführung, die auf die gegenseitige Abhängigkeit abzielt, wird eine Erfahrung unterstützen, bei der die Teilnehmer sich auf das Wohlergehen der anderen konzentrieren. Die Teilnehmer erwarten eine Gelegenheit zu helfen, oder sich helfen zu lassen und jeder wird unbewußt einschätzen, wie wohl er sich in der Rolle des Helfers, des Hilfeempfängers oder des Zuschauers fühlt. Der Widerstand gegen die lange Wanderung wird herabgesetzt, da die Gruppe die Reise als eine Gruppenherausforderung und nicht als individuelle Prüfung verinnerlicht hat.

Die Einführung mit dem Fokus auf Selbstentdeckung bestärkt eine introspektive, individualisierte Orientierung. Bestimmte subtile Gedanken und Verhaltensweisen, die in den ersten beiden Settings vernachlässigt werden durften, könnten jetzt für den Teilnehmer zu großer Bedeutung gelangen und wichtige Einsichten hervorrufen. Die Überzeugung, daß diese Wanderung ausdrücklich dazu ausgewählt wurde, um eine neue Entdeckung über die eigene Person zu ermöglichen, macht die Wahrscheinlichkeit einer solchen Entdeckung relativ hoch.

Kursleiter müssen erkennen, in welchem Maß ihre verdeckten und offenen Botschaften über die Kursaktivitäten die Reaktionen der Teilnehmer beeinflussen. Während des ganzen Kurses sind die Teilnehmer einem ziemlich hohen Maß an Streß ausgesetzt. Eine Weise, in der sie versuchen, diesen Streß herabzusetzen, besteht darin, daß sie eine Fahndungsstrategie einrichten, mit deren Hilfe sie jeden Hinweis zu entdecken suchen, der ihnen helfen könnte, Kontrolle über die nächste Kursaktivität auszuüben. Hauptziele dieser Fahndungsstrategie sind die Kursleiter. Die Teilnehmer verwenden ein enormes Maß an Zeit und Energie darauf, bewußt und unbewußt alle verbalen und nonverbalen Verhaltensweisen des Kursleiters zu verarbeiten. Wie sie diese Verhaltensweisen interpretieren, hat großen Einfluß auf ihre Reaktionen im Kurs.

Die „Einkleidungen" der Metaphern sind solche Hinweise, die der Kursleiter gibt - Teilnehmer beantworten sie als subtile Anweisungen, wie an jede Kursaktivität heranzugehen sei. Da jedes Verhalten des Kursleiters Hinweis ist, ist es unmöglich, einen „nackten", ganz natürlichen Kurs zu leiten. Die Berge sprechen nie für sich, ebenso wenig wie die Kursaktivitäten; sie werden alle über die verbalen und nonverbalen Botschaften des Kursleiters vermittelt.

Sogar der Versuch zu schweigen oder von einer Aktivität Abstand zu nehmen, beeinflußt den Kurs.

Jeder Kursleiter entscheidet darüber, wie er mit seiner Fähigkeit, die Gruppe zu beeinflussen, arbeiten möchte. Ein Leiter, der darauf besteht, daß die Berge für sich selbst sprächen, stellt damit in Wirklichkeit fest, daß er alle Hinweise an seine Teilnehmer unbewußt aussendet. Er übernimmt wenig bis keine Verantwortung für seine Wirkung auf den Kurs. Nehmen wir zwei verschiedene Kursleiter als Beispiel. Jeder ist überzeugt, die Berge sprächen für sich selbst und jeder strebt danach, einen einfachen, geradlinigen, vernünftigen Outward Bound Kurs ohne viel persönlichen Schnickschnack anzubieten. Die erste Kursleiterin ist passionierte Kletterin. Sie lebt aus dem Koffer und arbeitet immer gerade so lange für Outward Bound, bis sie genug Geld für die nächste Reise zusammenhat. Während sie im allgemeinen während der Kurse oder ihrer Expeditionen ganz angemessenen Umgang mit Freunden pflegt, ist ihr schon seit einiger Zeit niemand mehr richtig nahe gestanden. Tatsächlich endete ihre letzte Liebesgeschichte, als sie von einer Expedition abreiste und ihr Geliebter ihr vorwarf, vor den Menschen, vor Nähe und Verpflichtung davonzulaufen.

Der zweite Kursleiter arbeitet unter dem Jahr als Lehrer für Werkunterricht an einer Highschool. Er ist überzeugter Pragmatiker und glaubt daran, daß ihn der schlichte, geradlinige gesunde Menschenverstand durch alle Fährnisse bringt. Einmal versuchte er, sich durch den Besuch eines Persönlichkeitstrainings einige Kenntnisse in der Beratungsarbeit anzueignen, aber er stellt fest, daß einige Teilnehmer darin ein Feedback bekamen, das sie in Verwirrung stürzte. Seitdem ist er überzeugt, daß psychologische Interventionen mehr Schaden als Nutzen brächten. Aber er liebt die Schüler, mit denen er arbeitet, sowohl während des Schuljahres als auch bei Outward Bound. Er hat in der Tat den Ruf eines Lehrers, der seinen Kindern zuhört. Aus dem Grund arbeiten viele seiner Schüler in der Werkstatt bis es spät geworden ist und erzählen ihm ihren Kummer.

Erinnern wir uns, daß beide Kursleiter einer „mountains speak for themselves"-Perspektive verpflichtet sind und sich darum bemühen, ihr persönliches Skript so weit wie möglich vom Kurs fernzuhalten. Wenn wir das im Hinterkopf behalten, dann ergeben sich im folgenden mehrere Möglichkeiten, wie die beiden Kursleiter unbewußt Signale aussenden könnte, die dazu führen, daß ihre potentiellen Kurse recht unterschiedlich ausfallen dürften.

Der Werklehrer wird in Anbetracht seiner Neigung zum Pragmatismus mehr Zeit für solche Details wie das 100%ig richtige Auffüllen der Kocher und das Aufstellen der Tarps verwenden. Abgesehen vom Nutzen dieses Verhaltens aus der Perspektive von Sicherheit, Sauberkeit und Komfort, wird er seine Kursmetaphern so einkleiden, daß auf schlampige und nachlässige Teilnehmer besondere Gelegenheiten warten, die sie mit ihren persönlichen Bedürfnissen konfrontieren.

Die Kletterin würde einen solch elementaren Enthusiasmus für technische und anspruchsvolle Kletterei an den Tag legen, daß diese Aspekte in den Augen ihrer Teilnehmer absolut herausragen würden. Ihre Bestrebungen, „zum Himmel aufzusteigen", könnte bei einigen Gruppenmitgliedern auf guten Widerhall stoßen.

Keiner der Kursleiter propagiert offen Kommunikationsförderung oder Beratungsarbeit und keiner von beiden wird viel Zeit auf Gruppenzusammenkünfte verwenden. Allerdings scheut die erste Kursleiterin vor persönlichen Beziehungen zurück. Ihre Teilnehmer werden diese Tatsache unbewußt entdecken und ihre Angst wird unterschwellig das Feuer jedes zwischenmenschlichen Konflikts, der in der Gruppe schwelt, anfachen. Sehr wahrscheinlich wird sie auf eine Kursgeschichte mit persönlichen Konflikten zurückblicken. Der Werklehrer sendet unbewußt eine ganz andere Botschaft aus. Unter Menschen fühlt er sich wohl und er verbreitet ein stummes Vertrauen, daß er mit allen Problemen, die auftauchen könnten, schon zurechtkommt. Im Gegensatz dazu wird die Angst der ersten Anleiterin sie dazu bringen, zwischenmenschliche Konflikte so lange wie möglich zu ignorieren. Sollte sie versuchen, diese zu bearbeiten, so wird sie sich unbeholfen und wirkungslos verhalten.

Der ernstzunehmendste Kritikpunkt an beiden Kursleitern besteht darin, daß sie die Anpassungsfähigkeit ihrer Kurse einschränken, indem sie das Bewußtsein für ihre eigene Wirkung gering halten. Die Kletterin wird stets die Himmelsleiter-Metaphern betonen, ob diese nun mit den Lebensbedürfnissen ihrer Gruppe isomorph sind, oder nicht. Solche Kursleiter werden sich regelmäßig über gute und schlechte Gruppen beklagen. „Gut" bedeutet dabei, daß die Gruppe zufällig zu ihrem Stil paßt und „schlecht" heißt das Gegenteil. Diese Kursleiter haben noch nicht gelernt, daß jede Gruppe gut ist, sofern der Kursleiter flexibel ist und genügend metaphorische Optionen offen halten kann. Die Teilnehmer werden immer darauf anspringen, wenn ihnen die passenden Aktivitäten angeboten werden. Jeder Kurs mit jeder Teilnehmergruppe kann intensiv, spannend und bildend sein. Selbstverständlich erfordern manche Gruppen größere Anstrengung, aber eine positive und bedeutsame Resonanz ist bei genügend Flexibilität und Scharfsinn immer möglich.

Die Leiter beeinflussen den Kurs immer; ihre einzige Entscheidungsmöglichkeit besteht darin, wie bewußt sie von diesem Einfluß Gebrauch machen wollen. Selbstverständlich kann sich kein Kursleiter seiner Person ständig vollkommen bewußt sein; unvermeidlich wird ein Teil der Persönlichkeit des Kursleiters auf die Teilnehmer projiziert. Trotzdem ist es sinnvoll, diese Projektion so gering wie möglich zu halten.

Zusammenfassend werden Metaphern den Teilnehmern nie splitternackt präsentiert - sie werden immer dick eingekleidet durch die kleinen Hinweise des Kursleiters. Aus dem Grund kann der Kursleiter genausogut versuchen, seine Metaphern so hübsch wie möglich anzuziehen. Die Leiter können einerseits die Wahl treffen, bewußt bestimmte Hinweise zu geben, oder andererseits diesen Hinweisen gestatten, wahllos ihrem Unbewußten zu entströmen.

Der Einsatz von Geschichten und Anekdoten

Haben sich die Kursleiter einmal entschieden, die Verantwortung für die Einkleidung ihrer Metaphern zu übernehmen, so bekommen sie Zugang zu einer ganzen Reihe von Techniken, die dazu dienen können, die Anpassungsfähigkeit des Kurses zu steigern und die Wahrscheinlichkeit von Erfolgserlebnissen der Teilnehmer zu erhöhen. Die erste unter diesen Techniken ist der Einsatz von Geschichten, Anekdoten und Bespielen. In erster Linie werden sie verwendet, um den Teilnehmern eine spezielle Problemlösungsstrategie nahezubringen und dabei nach Möglichkeit ein Erfolgserlebnis zu bewerkstelligen. Das folgende Beispiel soll diesen Prozeß veranschaulichen.

Eines Tages, als wir den Einstieg in einen Tag mit Klettertechnik vorbereiteten, bat ich meinen Co-Leiter, zwei Geschichten zu erzählen. Die erste Geschichte handelte von einem Tag, als er beim Klettern war und dabei von Furcht ergriffen wurde. Ich ermutigte ihn, so viele anschauliche Details wie möglich in seine Geschichte zu packen. Er erzählte den Teilnehmern davon, wie seine Hände schwitzten, seine Gedanken rasten, seine Knie wie Espenlaub zitterten und wie die Atmosphäre der Angst sein gesamtes Sein durchdrang. Er erzählte, wie sein Kletterpartner damit anfing, ihn zu ermutigen, aber dann immer kritischer wurde, als er merkte, daß seine Angst nicht nachlassen wollte. Er stürzte immer wieder und wurde dabei immer erschöpfter.

Dann erzählte er den Teilnehmern vom Knackpunkt dieser Kletterroute. Er war an einem Überhang angekommen und dachte, wenn er den nicht stilistisch gut klettern würde, könnten sie die Tour genausogut abbrechen. Er berichtete, wie er sich geistig auf die Griffe vorbereitete und sich schließlich an die Ausführung machte. Überraschenderweise gelang es ihm leicht. Nach dieser Stelle war die Route leicht und ohne Hindernisse - eine Art von graziösem Tanz am Fels. Schließlich sprach er von seinen Gefühlen, als er oben angekommen war und was er an diesem Tag über sich gelernt hatte.

Ich bat ihn, noch eine zweite Geschichte - ebenso detailliert - von einem Tag zu erzählen, an dem das Klettern für ihn besonders gut lief, von einem Tag, den man als eine Art spiritueller Erfahrung beschreiben könnte, als archetypisches Muster für den Grund seines Kletterns. Er reagierte auf die Bitte mit der Erzählung einer besonders schönen Kletterei in Eldorado. An diesem Tag war alles perfekt gelaufen und er und sein Kletterparter waren dem Fliegen näher als dem Klettern.

Er erzählte seine Geschichten gut und als er endete herrschte einen Moment lang Schweigen bis sich die Teilnehmer zwangen, ins Hier und Jetzt zurückzukehren. Dann banden wir uns ein und begannen zu klettern.

In diesen Anekdoten sind die vier Qualitäten zusammengefaßt, die eine effektive Metapher des erzählerischen Typs erfordert. Zunächst sind die Geschichten mit den inneren Erfahrungen der Teilnehmer isomorph. Es ist klar, daß eine Geschichte vom Klettern mit der Erfahrung der Klettertechnik, die den Teilnehmern bevorsteht, symbolisch äquivalent ist. Die erste Geschichte wird besonders für die ängstlichen Teilnehmer isomorph sein; selbstbewußte Teilnehmer werden die zweite Geschichte brauchbarer finden. Zweitens bieten die Geschichten Lösungen für Problemsituationen an. In der ersten Geschichte kann der Kletterer seine Angst überwinden und beendet erfolgreich die Tour. In der zweiten Geschichte verwandelt sich eine körperliche Aktivität in eine spirituelle Erfahrung. Drittens werden die Geschichten detailliert genug dargeboten, daß sie die transderivationale Suche der Teilnehmer erleichtern. Der Erzähler brachte sie in einer Weise dar, die die originäre Erfahrung zum Leben erweckte - gegenwärtig machte. Tatsächlich brauchten die Teilnehmer einen Moment, um von der Realität der Geschichte ins wirkliche Leben zurückzukommen. Da der Erzähler seine Klettererfahrungen selbst durchlebt hatte, wurde seine Geschichte von der Macht seiner eigenen Gefühle durchdrungen. Es muß nicht sein, daß sich Anekdoten aus persönlichen Erinnerungen speisen. Es kann sich auch um Dinge handeln, die anderen passiert sind, Adaptionen wahrer Geschehnisse, vollständige Erfindungen oder sogar Märchen oder Parabeln. Der Geschichtenerzähler muß nur die Gefühlsdichte der Hauptcharaktere in seiner Geschichte nacherfahren und diese Emotionen den Hörern verfügbar machen.

Ich hörte einmal, wie ein Kursleiter in einer Rede vor einer Abschlußklasse eine erzählerische Metapher einsetzte, um eine Stimmung der Entschlossenheit und Verpflichtung in den Abschlußgruppen aufkommen zu lassen. Die Geschichte lautete folgendermaßen:

In einem Outward Bound Kurs gab es einmal einen Teilnehmer, der, eines Morgens, als sie eine Gipfelbesteigung vor sich hatten, beschloß, vor allen anderen aufzustehen und das Porridge herzurichten. Es stand in den frühen Morgenstunden ganz leise auf und versuchte, seine Stiefel anzuziehen. Unglücklicherweise waren die Temperaturen in dieser Nacht um einiges unter den Gefrierpunkt gefallen. Der Teilnehmer hatte es vernachlässigt, seine Schuhe abends mit ins Bett zu nehmen und sie waren gut hart gefroren.

Nun, er kämpfte sich so gut als möglich in seine Stiefel und begann, das Porridge herzurichten. Aber in seinem Bemühen, das Wasser auf dem einen Kocher hier zum Sieden zu bringen und den wackligen Kocher dort anzuzünden, vergaß er, die Haferflocken umzurühren und der ganze Topf brannte scheußlich an.

Als die Gruppe aufstand, sahen sie sich mit diesen schrecklich schmeckenden, verbrannten Haferflocken konfrontiert. Da das alles war, was sie dabeihatten und sie schnell aufbrechen mußten, bliebe ihnen nichts übrig, als sie zu essen. Es gab keine Wahl. Aber ihr könnt Euch das Geläster vorstellen, das über unseren armen Teilnehmer hereinbrach. Gruppen sind um vier Uhr früh nie gut drauf und wenn sie dann als Gipfel noch verbrannte Haferflocken essen müssen ...na, Ihr könnt Euch vorstellen, was sie dem armen Kerl angetan haben!

Zuguterletzt begann die Gruppe den Aufstieg auf den Berg. Unserem armen Helden ging es ganz elend. Es war ihm so peinlich, daß er das Frühstück verbrannt hatte, daß er schreckliche Magenkrämpfe bekam und ihm ständig das verdorbene Porridge aufstieß. Und seine Füße hatten genau diesen eiskalten und schrecklich schmerzhaften Zustand erreicht. Sein Ego litt unter dem Geläster. Er war sich sicher, auf der ganzen Welt keinen einzigen Freund zu besitzen und daß er niemals wieder irgend etwas richtig machen könne.

Er wanderte den Berg hinauf, fühlte sich schrecklich und fragte sich, was zum Teufel er bei einem dämlichen Kurs zu schaffen hätte, der ihn dazu brachte, um halbvier Uhr früh aufzustehen und dann nichts als einen Tritt in den Magen davonzutragen. Gerade als er diese Gedanken hatte, stieg die Gruppe über den Gipfelgrat und schritt ins volle Sonnenlicht.

Bis dahin waren sie steil bergaufgestiegen, über Geröll, in der Kälte, mit eingeschränktem Blick. Jetzt war alles anders. Sie waren oben, wo sie endlos sehen konnten. Die Sonnenstrahlen wärmten sie. Und sie waren weg von diesem erbärmlichen Geröll und standen auf festem Granit.

Der Teilnehmer konnte den Grat sehen, wie er sich hinaufwand - sauber, stark und leicht geschwungen - ganz hinauf bis zum Gipfel. Unter ihm lag das Tal, von dem sie tags zuvor aufgestiegen waren, in dem etwas Frühnebel hing. Und schneebedeckte Berge erstreckten sich, soweit seine Augen sehen konnten.

Spontan blieb die Gruppe stehen und blickte diese Welt an. Für einen Augenblick herrschte Stille, dann ruhige, aber erregte Ausrufe. Irgendwie verstand der Teilnehmer blitzartig, wie verbranntes Getreide, kalte Füße, Aufstiege auf Geröll und sogar die Züchtigungen, die die Gruppe über ihn ergehen ließ, notwendig für diesen Augenblick waren.

Wollt Ihr wissen, wann das passiert ist und wer der Teilnehmer war? Nun, das geschah vor ungefähr zehn Jahren und der Teilnehmer war ich selbst...

Diese Anekdote ist eine hübsche Illustration einer narrativen Metapher. Sie ist beinahe vollständig isomorph mit der Situation, auf die Abschlußgruppen normalerweise treffen. Beinahe jeder Abschlußkurs bricht mit guten Vorsätzen auf, genau wie der Teilnehmer, der beschlossen hatte, früh aufzustehen, um etwas besonderes zu tun. Aber dann kommen sie durch Mißmanagement (Haferflockenbrennen an) und Mißachtung der Umweltbedingungen (Stiefel sind gefroren) in Bedrängnis. Zu diesem Zeitpunkt wird von ihnen noch immer erwartet, daß sie ihre Abschlußroute beibehalten (auf den Gipfel steigen) und oft trotten sie in trauriger Stimmung dahin.

Nachdem er diese Isomorphien erzeugt hatte, vervollständigte der Kursleiter seine Anekdote, indem er eine erfolgreiche Lösung für die problematische Situation anbot. Er beschrieb, wie die Konfrontation mit der Naturschönheit der Berge die Erfahrung des Teilnehmers umkehrte. Indem er diese Lösung aufzeigte, machte der Kursleiter nicht nur die „Naturschönheit" als Problemlösung für die Abschlußkurse verfügbar, sondern er bot noch viel mehr an. Als er davon sprach, wie es ist, aus dem Dunkel zu kommen, von der Kälte in die Wärme und ins Licht, vom Geröll zum festen Halt des Felsens und aus einer beschränkten Perspektive in ein unbegrenztes Blickfeld zu treten, befähigte er seine Schüler dazu, jede Lösung anzunehmen, die metaphorisch äquivalent ist zum Wechsel von Dunkelheit zu Licht oder von Kälte zu Wärme. Mit anderen Worten stellten die Begriffe, die er benutzt hatte, so universale und vieldeutige Symbole dar, daß beinahe jedes besondere Problem und jede besondere Lösung damit isomorph sein kann.

Der Kursleiter benutzte Details, um den Teilnehmern eine lebendige Vorstellung der Erfahrung zu vermitteln. In Anbetracht ihrer eigenen Outward Bound Erfahrungen gibt es kaum Zweifel daran, daß sie die Nöte des Protagonisten im Fortgang der Geschichte nachempfanden. Schließlich gewährleistete der Kursleiter eine packende Erzählung - indem ihm die Geschichte selbst zugestoßen war. Indem er diese Tatsache enthüllte, verstärkte er die Wirkung seiner Geschichte auf die Teilnehmer noch. Sie alle bewunderten den Kursleiter, und seine verdeckte Aussage lautete, daß das Durchstehen der Herausforderungen, die dieser Kurs mit sich bringen würde, ein Leben in Aussicht stellt, das seinem eigenen, erfolgreichen vergleichbar wäre.

Diese Erzählungen stellten den Teilnehmern effektive Problemlösungsstrategien zur Verfügung. Die Teilnehmer des Kletterkurses erprobten gedanklich das Gefühl, die Angst beim Felsklettern zu überwinden und die Teilnehmer des Abschlußkurses erprobten gedanklich das Gefühl, die Niedergeschlagenheit zu überwinden, die aus dem Scheitern guter Absichten erwächst. Gedanklich eine erfolgversprechende Strategie zu erproben ist der erste Schritt, um sie in der Erfahrung zu implementieren. Jeder dieser Teilnehmer war gut darauf vorbereitet, das Klettern und den Abschlußkurs in ein Erfolgserlebnis umzumünzen.

Eine andere Weise, Geschichten für die Einkleidung einer Metapher einzusetzen, besteht darin, daß man Erwartungen unter der Maske einer Informationseinheit verbirgt. Ich zum Beispiel liebe es, wann immer möglich bei meinen Kursen eine Schwitzhütte einzusetzen. Ein wunderbarer Teil dieser Erfahrung liegt darin, daß das Schwitzen für die Teilnehmer zu einer spirituellen Erfahrung wird. Aber es ist schwer direkt zu vermitteln, daß eine Schwitzkur spirituell erfahren werden sollte. Erstens erwarten die Teilnehmer bei Outward Bound keine Spiritualität und zweitens wird der Kursleiter dadurch gehemmt, daß eingeforderte Spiritualität auf kulturell etablierten Widerstand stößt.

Trotz dieser Hindernisse können die zweifach archetypischen Botschaften einer Schwitzkur - Reinigung und Zusammenhang mit etwas, das größer ist als man selbst - fundamental bedeutsame Kursthemen sein. Um sie zu eröffnen, ist es notwendig, die Erfahrung auf eine Weise darzubieten, die nicht anstößig wirkt und vielmehr stark zur Teilnahme ermutigt.

Ich versuche, diese Ziele zu erreichen, indem ich mich etwas langatmig über die Geschichte der Schwitzhütte auslasse. Ich erzähle den Teilnehmern, seit wieviel Tausenden von Jahren Schwitzkuren eingesetzt werden, welch reiche Tradition sich dahinter verbirgt und in welcher Weise sie eine der Wurzeln der Praxis menschlicher Spiritualität darstellen. Dann spreche ich davon, in welcher Weise unsere Vorfahren das Schwitzen für Reinigung und spirituelles Erleben eingesetzt haben. Ich verbreite mich über die symbolische Bedeutung des Feuers, der Steine, der Hütte, des Dampfs und des Wassers. Mit Umsicht beschreibe ich die spezifischen Meditationen, die an jedem Punkt der Zeremonie durchgeführt wurden. Dann sage ich den Teilnehmern, daß sie an der Aktivität in jeder Weise, die ihnen beliebt, teilnehmen können.

Ich bereitete den Boden auch ein wenig dadurch, daß ich sie bat, an diesem Morgen nach dem Aufstehen zu schweigen, bis nach der Schwitzkur zu fasten und indem ich auf spezielle Anforderungen an das gesammelte Holz und die Steine hinwies. Das ganze Erlebnis wird von nonverbalen Zeichen der Besonderheit eingerahmt; außerdem haben sie einem Lehrvortrag darüber zugehört, wie man diese Besonderheit auf die Spitze treiben kann. Es überrascht also nicht, daß viele Teilnehmer auch ohne direkte Anweisungen versuchen, beim Schwitzen einen spirituellen Aspekt entstehen zu lassen.

Diese Möglichkeit, unnötigen Widerstand zu umgehen, ist außerordentlich nützlich. In Anbetracht der Rolle des Leiters ist es früher oder später unvermeidlich, daß er als Elternfigur gesehen wird. Das ist potentiell problematisch, da die Mehrzahl der Teilnehmer dahingehend orientiert ist, als Teil des Durchgangs durch ihre Adoleszenzkrise, Autoritätspersonen Widerstand entgegenzusetzen. Daher ist es wichtig, auf direkte Anweisungen soweit als möglich zu verzichten, besonders wenn sich solche Instruktionen in irgend einer Art darauf beziehen, wie sich die Teilnehmer fühlen sollen. Wenn sie direkt gesagt bekommen, daß sie einen armseligen Stil haben, daß sie nicht sorgfältig genug sind oder daß sie sich gegenseitig zu wenig unterstützen, dann wird das von einigen Teilnehmern immer zurückgewiesen und abgelehnt werden. Selbstverständlich ist es manchmal sehr wichtig, solche Dinge zu kommentieren, aber man kann viel Ärgernis dadurch ausräumen und viel positivere Resonanz erzeugen, indem man die Anweisungen über Geschichten, Beispiele oder Informationseinheiten unter die Leute bringt.

Die subtile Ermutigung zu Bekenntnissen ist eine weitere wirkungsvolle Einkleidungstechnik. Wenn Teilnehmer durch ein Kurserlebnis ergriffen werden und beschreiben, wie erweiternd, inspirierend oder verändernd dieses Erlebnis gewirkt hat, dann ist das ein Bekenntnis. Ein nützliches Nebenprodukt solcher Mitteilungen besteht darin, daß sie andere Teilnehmer dazu auffordern, ihre eigenen Erinnerungen an das gleiche Erlebnis aufzuwerten.

Während die Teilnehmer Zeugen eines Bekenntnisses werden, neigen sie dazu, ihre eigenen Erinnerungen an diese Kursaktivität zu durchforsten und sich zu fragen, ob sie irgend eine vergleichbare Weiterentwicklung erfahren hätten. Da Weiterentwicklung und Veränderung für einen selbst angenehm und vor anderen anerkannt sind, werden die Teilnehmer versuchen, ihre eigenen Erfahrungen so positiv wie möglich zu interpretieren. Diese Strategie setzt einen Strom von Bekenntnissen in Gang, in dem jeder Sprecher und jeder nachfolgende Bericht begeisterter ist als der vorhergehende.

Vom Standpunkt von Outward Bound aus ist die entscheidende Frage nicht: Was geschah tatsächlich während der Erfahrung? sondern: Wie interpretieren die Teilnehmer das, was tatsächlich geschehen ist? Indem man zu einem gewissen Maß an bekenntnishaftem Tun im Kurs ermuntert, werden die Teilnehmer dazu befähigt, den Nutzen einer Kursaktivität so gut wie nur möglich wahrzunehmen. Bekenntnisse sind besonders elegant, weil sie dazu beitragen, eine Aktivität besser wahrzunehmen, nachdem sie buchstäblich seit Stunden schon abgeschlossen war. Alles, was man dazu braucht, sind einige Teilnehmer, die mit der speziellen Aktivität eine gute Erfahrung gemacht haben. Wenn die Nachbesprechung gut angepackt wird, dann wird der Großteil der Gruppe bald den Eindruck haben, daß diese Aktivität für sie wichtig war.

Der Kursverlauf beinhaltet einige natürliche Gelegenheiten, zu denen Bekenntnisse erwartet werden und an denen sie sozial anerkannt sind (Abschluß-essen, letzte Gruppentreffen, Solo-Nachbesprechungen), und es gibt andere Gelegenheiten, an denen Bekenntnisse spontan auftreten können (nach dem unerwarteten Zusammentreffen mit Naturschönheit oder als Reaktion auf eine besonders erfolgreiche Lösung einer Kursanforderung). Zu diesen Gelegen-heiten fließen die Bekenntnisse ungehindert und natürlich und fast alle ge-nießen sie und profitieren davon.

Es steht dem Kursleiter nicht zu, die Erfahrung eines Bekenntnisses erzwingen zu wollen. Abverlangte Bekenntnisse gehen fast immer daneben und lassen den Kurs zurück wie eine fundamentalistische Religionsgemeinschaft, der die Mitglieder davonlaufen. Aber der Kursleiter hat die Freiheit, mit spontanen Bekenntnissen zu arbeiten, indem er eine Atmosphäre schafft, wo sie un-gezwungen geäußert werden.

Alles, was man dazu braucht, ist Zeit und Raum, um sich auszusprechen und eine Gruppenatmosphäre, die genug Sicherheit bietet, so daß die Teilnehmer starke Gefühle austauschen können. Im Idealfall gehören diese beiden Fakto-ren zu jeder Gruppe dazu; unglücklicherweise werden einige Kursleiter durch Bekenntnisse manchmal unangenehm berührt und verwahren sich bewußt oder unbewußt dagegen. Es ist wichtig, sich daran zu erinnern, daß Bekennt-nisse oft den Effekt haben, daß sie die Selbstwahrnehmung des Zuhörers über die eigenen Erlebnisse verändern. Für diese Ausdrucksform Raum zu schaffen, ist angemessen und gehört zu den ethischen Verhaltensweisen einer Kursleitung, während ihre Eindämmung für einige Teilnehmer eine Möglichkeit wegnimmt, ihre Erfahrung bei Outward Bound im Licht einer höheren Be-deutung zu sehen. Bekenntnisse zu erzwingen ist uneffektiv und unästhetisch, aber es ist schlicht ein Gebot des gesunden Menschenverstands, sie zu passender Gelegenheit zu ermutigen.

Zusammenfassend können Erzählungen, Anekdoten, Beispiele, Informations-einheiten und Bekenntnisse wichtige Faktoren sein, um Metaphern bei Out-ward Bound einzukleiden. Damit sie die größtmögliche Wirkung entfalten, sollten die Geschichten isomorph sein, eine neue Lösung anbieten, lebendige Details beinhalten und mit Gefühl erzählt werden. Manchmal kann man ein ge-wünschtes Verhalten der Teilnehmer dadurch hervorbringen, indem man es im Rahmen einer Informationseinheit nahelegt. Schließlich sollten sich Kursleiter darauf einstellen, Zeit, Raum und eine Atmosphäre zu schaffen, die spontane Bekenntnisse unterstützt.

Direkte und ablenkende Suggestion

Eine der einfachsten und sogar wirkungsvollsten Arten, eine Metapher einzukleiden, ist die direkte Suggestion. Der Kursleiter informiert die Gruppe einfach davon, daß die nächste Aktivität zu dem Zweck durchgeführt wird, um X zu vermitteln, oder um Y auszuprobieren, oder um zu zeigen, welches Maß an Z in der Gruppe vorhanden ist. Solche Denkanstöße setzen eine Fahndungsstrategie in Gang, in der alle Gruppenmitglieder für die vom Kursleiter erwähnten Faktoren sensibilisiert sind. Wenn angeregt wird, „aufeinander zu achten", dann wird die Gruppe auf alle Hinweise, die sich auf gegenseitige Abhängigkeit beziehen, eingestimmt. Wenn man „schnelle Bewegung" erwähnt, wird die Gruppe überwach registrieren, wer schnell wandert und wer die Gruppe aufhält.

Während es einfach ist, auf direktem Weg Anregungen zu geben, wird die Verwendung dieser Methode nur dann maximale Wirkung entfalten, wenn die Suggestion eingängig und überzeugend dargebracht wird. Wenn man zum Beispiel einer Gruppe nur sagt, daß ihr Streckenabschnitt am nächsten Tag schwierig sein und ihnen Gelegenheit bieten wird zu zeigen, daß sie sich gegenseitig unterstützen, dann wird sie das wahrscheinlich nicht besonders beeindrucken. Vergleichen Sie diese Suggestion mit der folgenden:

Wie Ihr alle wißt, ist es das Anliegen von Outward Bound, Fähigkeiten zu vermitteln, die eine Gruppe in die Lage versetzen, die Herausforderungen im Kurs erfolgreich zu bewältigen. Eine dieser Fähigkeiten besteht in der gegenseitigen Unterstützung - im Bewußtsein, daß jeder von Euch Teil einer größeren Gruppe ist und daß Eure Bedürfnisse und Wünsche im Zusammenhang mit den Bedürfnissen und Wünschen all der anderen geäußert werden müssen. Mit anderen Worten, Ihr seid nicht allein hier und wenn Ihr Euch in den Bergen durchschlagen wollt, dann müßt Ihr lernen weiterzukommen, zusammenzuarbeiten, Kompromisse zu schließen und zu kooperieren.

Aber das ist etwas, das Ihr nicht lernen könnt, indem Ihr nur darüber redet. Wir haben herausgefunden, daß der beste Weg, einer Gruppe Zusammenarbeit beizubringen, darin besteht, daß man sie einer besonders stressigen Situation aussetzt und dann zusieht, wie gut sie damit zurechtkommt. Können sie aufeinander Rücksicht nehmen? Können sie noch gut Probleme lösen, wenn sie müde und quengelig sind? Und so weiter.

Ich habe also die Route so angelegt, daß der morgige Tag lang, anstrengend und anspruchsvoll wird. Morgen werdet Ihr zusammen aufstehen und wenn Ihr abends ins Lager kommt, werdet Ihr immer noch zusammen sein. Die kritische Frage wird sein, wie sehr wart Ihr den Tag über zusammen? Und ich meine zusammen in beiden Bedeutungen des Wortes. Habt Ihr miteinander zusammengearbeitet? Habt Ihr auf die schwächeren und kranken Gruppenmitglieder Rücksicht genommen? Konntet Ihr Entscheidungen treffen, ohne über die Rechte der Einzelnen hinwegzugehen?

Wenn Ihr also morgen aufsteht, dann möchte ich nicht, daß Ihr daran denkt, daß Ihr fünfzehn Meilen über zwei Pässe zurücklegen müßt. Buchstäblich stimmt das - das ist es, was Ihr körperlich tun werdet. Aber ich möchte, daß Ihr daran denkt, welche Reise der Zusammenhalt dieser Gruppe unternehmen wird. Heute abend liegt Euer Zusammenhalt auf einer Skala von 1 bis 10 bei - sagen wir fünf. Wo wird er morgen abend liegen? Das ist die wahre Reise, die ich Euch unternehmen lassen möchte. Denkt daran, heute abend und morgen, o.k.?

Das Grundprinzip einer guten Suggestion besteht darin, daß man ihre ausreichende Wirkung gewährleistet, so daß sich die Gruppe tatsächlich daran erinnert und danach handelt. Im obigen Beispiel wurde diese Wirkung erzielt, indem man sich einige Minuten Zeit nahm und den kritischen Punkt immer und immer wiederholte. Während die Wiederholung ein hervorragender und effektiver Weg ist, bei den Teilnehmern Wirkung zu hinterlassen, muß doch darauf geachtet werden, daß die Wiederholungen kunstgerecht gestaltet sind, um Langeweile oder Abwehr bei den Teilnehmern zu vermeiden.

Außerdem wurde die Zusammenarbeit mit dem erfolgreichen Absolvieren der Kursanforderungen verknüpft. Normalerweise machen Kursleiter nur dann von direkten Suggestionen Gebrauch, wenn sie denken, daß die Gruppe eine Funktion - in diesem Fall Zusammenarbeit - ablehnt. Indem man die Erfüllung einer wenig erwünschten Funktion (Zusammenhalt) zu einer Vorbedingung für das Erreichen einer in hohem Maß erwünschten Funktion (der erfolgreichen Bewältigung der Kursanforderungen) macht, verleiht man der Suggestion eine viel stärkere Wirkung.

Eine andere Art, direkte Suggestion einzusetzen, besteht darin, daß man den Teilnehmern sagt, die Aktivität sei so angelegt, daß sie „etwas Neues darüber lernen, wie sie sich zu anderen in Beziehung setzen" oder daß sie „eine Stärke in sich entdecken, von der sie bisher nichts gewußt hatten". Die Schönheit dieser vagen und unspezifischen Einführungen liegt darin, daß die Teilnehmer auf kreative Weise ihre eigenen, individuellen Antworten darauf finden können. Sie werden die Erfahrung jetzt in einer Weise nutzen, die ihnen in höchstem Grade zugute kommt und in einer Weise, die ihnen genau die passende Lehre aus einer bestimmten Aktion erteilt. Es ist, als ob sie nach einer Entschuldigung gesucht hätten, um etwas Bestimmtes lernen zu können und als hätte die offengehaltene Suggestion des Kursleiters ihnen endlich die ausstehende Erlaubnis dazu verschafft.

Die Weisen, in denen man die direkte Suggestion effektiv einsetzen kann, werden nur durch die Kreativität des Kursleiters begrenzt. Ein wirkungsvoller Einsatz der Suggestion erlaubt fast jeder Kursaktivität fast jede Lehre zu erteilen. Alles, was man dazu braucht, ist die Kunst, beim Anleiten Suggestionen zu gestalten und weiterzugeben.

Eine wichtige Variation der direkten Suggestion ist die ablenkende Suggestion. Manchmal erscheint eine Kursaktivität einem Teilnehmer so bedrohlich, daß die daraus entstehende Furcht die Wahrscheinlichkeit herabmindert, daß er die Aufgabe erfolgreich löst. In diesem Fall kann man die Suggestion so einsetzen, daß man die Aufmerksamkeit des Teilnehmers vom angsteinflößenden Objekt ablenkt und dadurch bewirkt, daß die Aufgabe deutlich besser absolviert wird. Die Technik wird ablenkend genannt, weil der Kursleiter den Teilnehmer vom vorherrschenden, angstmachenden Aspekt der Metapher ablenkt und seine Aufmerksamkeit statt dessen auf einen relativ untergeordneten, aber viel sichereren Aspekt der Erfahrung führt. Aber wenngleich die bewußte Aufmerksamkeit auf den untergeordneten Anteil der Metapher fokussiert ist, wird doch die Hauptlektion der Aktivität den Teilnehmer beeinflussen. Ich verwende die ablenkende Suggestion oft, um eine Gruppe dabei zu unterstützen, eine nonverbale Initiativübung, die besonders viel Streß erzeugt, erfolgreich zu bewältigen.

Manchmal steige ich in meine Kurse mit einer ganz bestimmten Kennenlernübung ein. Wir setzen uns in einen Kreis und ich erzähle den Teilnehmern, daß Führungsqualität in diesem speziellen Kurs ganz besonders betont würde. Eine der Fähigkeiten, die eine Führungspersönlichkeit braucht, ist es, den körperlichen und geistigen Zustand eines anderen Teilnehmers ohne Worte einschätzen zu können. Aus diesem Grund wird die Einstiegsübung darin bestehen, daß wir einige nonverbale Fertigkeiten einüben, die wir später brauchen, um die Gruppe erfolgreich führen zu können.

Ich bitte sie dann, zu zweit zusammenzugehen, sich gegenseitig anzuschauen und sich an den Händen zu fassen. Dann sollen sie Botschaften senden und empfangen, und zwar nur, indem sie sich gegenseitig in die Augen schauen und ihre Hände sprechen lassen. Insbesondere bitte ich sie, sich gegenseitig - ohne Worte - mitzuteilen, wie sie sich jetzt im Kurs fühlen und wie sie sich vor zwei Wochen bei der Erwartung auf den Kurs gefühlt hatten.

Diese Übung leistet viel. Erstens können zwei durchschnittliche siebzehnjährige Jungen nicht zehn Minuten lang dasitzen, sich an den Händen halten und einander ansehen, ohne Widerstand zu zeigen, indem sie entweder lachen, wütend werden, oder sich einfach weigern, zusammenzuarbeiten. Aber jetzt können sie es, weil sie beide Anführer sein wollen und weil man ihnen gesagt hat, daß Händchenhalten eine Voraussetzung für gute Führungsarbeit darstellt. Zweitens gehen sie ein großes Risiko ein, indem sie sich berühren und einander anschauen. Dieser ausgehaltene Körperkontakt ist viel intimer und furchterregender, als der Kontakt, der bei den meisten einleitenden Initiativübungen erzielt wird; aber kaum sind sie hier, machen sie etwas, das sie zu Hause nie tun würden und sie halten es tatsächlich aus! Schließlich haben sie auch noch eine echte Information über das Führen bekommen. Führungsqualität beruht zum Teil auf der Fähigkeit, sich um sein Gefolge zu kümmern. Die subtilen Botschaften der Metapher lauten, daß sie im Kurs lernen werden, aufeinander Rücksicht zu nehmen, daß sie sich auf zwischenmenschliche Risiken einlassen, die ein gutes Gefühl erzeugen und die man erfolgreich bestehen kann, und daß sie Kommunikationsformen kennenlernen werden, die ihnen neu sind.

Die ablenkende Suggestion lautet, daß die Übung etwas mit Führungsposition zu tun hat. Die so erzielte bewußte Aufmerksamkeit auf das angestrebte Ziel, Anführer zu sein, ermöglicht den Teilnehmern, die gefürchtete Übung körperlicher Nähe zu bewältigen. Würde ich ihnen erzählen, daß es in der Übung darum geht, sich gegenseitig kennenzulernen, dann stiege der Grad an Angst und Ablehnung drastisch an.

Ein Tag, an dem Klettertechnik erprobt wird, soll als Beispiel dienen, auf welche Weise direkte und ablenkende Suggestion dazu verwendet werden können, um zwei verschiedene Typen von Erwartungshaltungen auf die gleiche Aktivität zu erzeugen. Eine selbstbewußte Gruppe mag von der folgenden direkten Suggestion Nutzen ziehen: „Diese Routen wurden als echte Herausforderung ausgewählt. Sie sind schwer und wenn Ihr oben ankommt, dann wißt Ihr, daß Ihr Euch das redlich verdient habt." Wenn die meisten Teilnehmer relativ angstfrei sind und sich nicht beunruhigen, dann wird diese Einführung ihren letztendlichen Erfolg viel mächtiger erscheinen lassen, weil sie die Schwierigkeit der Kletterei unterstrichen hat.

Im Gegensatz dazu könnte eine ablenkende Suggestion eingesetzt werden, wenn in der Gruppe viele Teilnehmer sind, die sich vor dem Klettern fürchten, damit die Angst verringert und die Möglichkeiten des Erfolgs vergrößert würden. „Diese Routen wurden zu einem bestimmten Zweck und nur zu diesem Zweck ausgewählt. Heute habt Ihr die Gelegenheit, den Fels kennenzulernen und Euch mit Anmut darin zu bewegen. Es interessiert mich überhaupt nicht, ob Ihr oben ankommt, oder nicht. Alles, was mich interessiert, ist, daß Ihr jede Eurer Bewegungen mit dem Bewußtsein Eurer Beziehung zum Fels ausführt. Balance, Anmut, Haltung und Stil - das ist es, was wir heute anstreben."

Selbstverständlich beschäftigt ängstliche Teilnehmer vor allem eine Sache - ob sie oben ankommen oder nicht! Und bei solchen Teilnehmern liegt der Knackpunkt der Anleitung ebenfalls darin, buchstäblichen Erfolg zu erzielen. Die ablenkende Suggestion, sich auf den Stil und nicht auf den Gipfel zu konzentrieren, auf den Weg und nicht aufs Ziel, ist eine wirkungsvolle Methode, die bewußte, angsteinflößende Stimmung von der Quelle ihrer Furcht teilweise abzuziehen und auf diese Weise die Wahrscheinlichkeit des Erfolgs zu erhöhen.

Der Einsatz von Affekten und nonverbalem Verhalten

Worte sind von ausschlaggebender Wichtigkeit. Nicht jeder lernt zur Gänze, seine Worte mit dem vollen Bewußtsein ihrer möglichen Wirkung zu wählen. Genauso wichtig aber ist es, daß die affektiven und nonverbalen Botschaften des Kursleiters bewußt in das metaphorische Kleid eingewoben werden. Nichts verwirrt die Teilnehmer schneller und schränkt den allgemeinen Erfolg einer Aktivität mehr ein, als wenn man etwas sagt und dann entgegengesetzt handelt.

Viele der nonverbalen Methoden, eine Metapher einzukleiden, sind ziemlich offensichtlich. Wenn der Kursleiter die alpine Tour als einen Zeitabschnitt vorstellt, in dem die Gruppe unabhängiger und mehr auf sich gestellt ist, dann ist klar, daß er die Zeit, die er mit der Gruppe verbringt, reduzieren muß. Einige Methoden können subtiler sein. Wenn eine Gruppe ängstlich und wankelmütig ist, dann könnten Kursleiter, die eine unterstützende Metapher anbieten möchten, das Maß, in dem sie körperlich mit den Gruppenmitgliedern Kontakt halten, erhöhen. Es gibt weitere Beispiele im Überfluß: über das vorsichtige Fortbewegen in Felsschluchten mit einer ruhigen und bedachtsamen Stimme sprechen, bei Gruppenzusammenkünften eine aufmerksame Haltung einnehmen, usw. Diese Art der Darstellung bedeutet mehr, als nur den Teilnehmern gutes Benehmen vorzuführen. Nonverbale Einkleidung bedeutet, daß man seine nonverbalen Zeichen in die gleiche Richtung lenkt, die die Metapher haben soll. Buchstäblich jede Geste, jede Haltung, jede Stimmlage und jede Bewegung kann Teil des Lehrplans sein.

Selbst spontane Gefühlsregungen können Teil des Kurses sein. Die erste Regel lautet, daß die Emotion echt sein muß. Teilnehmer entdecken sehr schnell die Unaufrichtigkeit in einer unangemessenen affektiven Haltung. Das Entstehen eines echten Gefühls ist natürlich ein unbewußter Prozeß, aber der Kursleiter kann den Ausdruck dieser Gefühlsregung bewußt so gestalten, so daß er einer vorhandenen Metapher aufs beste ansteht. Gefühle, die gewöhnlich Kursmetaphern einkleiden, umfassen den Ärger des Kursleiters, sein Mitgefühl, seine Traurigkeit und seinen freudigen Überschwang. Im folgenden ein Beispiel, wie Ärger eine Metapher einkleidet:

Eine Teilnehmerin machte ebenerdige Trockenübungen im Sichern und ihr wurden die Augen verbunden, um den mangelnden Sichtkontakt bei einer echten Klettertour zu simulieren. Drei Teilnehmer griffen nach dem Kletterseil. Nachdem sie das Seil etwas hatten durchhängen lassen, rannten sie plötzlich los, um den Streß zu simulieren, der bei einem echten Sturz auftritt. Die Sichernde hatte die Instruktion mißachtet, festen Stand zu suchen. Als die Läufer den Sicherungspunkt erreicht hatten, durchfuhr sie ein Ruck und sie ließ das Seil los und „tötete" so ihre Kletterer. Als Reaktion kicherte sie nur etwas und sagte „Hoppla."

Ich stellte sofort fest, daß ich sauer auf sie war. Sie war ein sechzehnjähriges, flatterhaftes Mädchen, das den Kurs bis jetzt nicht ernst genommen hatte. Ich hatte gerade erst eine detaillierte Information darüber gegeben, wie wichtig es sei, richtig sichern zu lernen und über den Ernst, der darin liegt, jemandes Leben in den Händen zu halten. Und jetzt kicherte sie darüber, jemand fallen gelassen zu haben! Ein Teil meines Ärgers war eine angemessene Reaktion auf ihre Weigerung, das Sichern ernst zu nehmen, ein anderer Teil bestand in meiner Enttäuschung darüber, daß sie nicht richtig auf meine „schöne" Lektion angesprungen war. Ungeachtet der Tatsache, daß mein Ärger nicht ganz selbstlos war, beschloß ich, ihn dazu einzusetzen, um die Wichtigkeit sorgfältigen Sicherns zu unterstreichen.

Ich wandte mich zu ihr und sagte mit strenger und ärgerlicher Stimme: „Warum kicherst Du darüber, daß Du jemand getötet hast? Du weißt, daß Du das morgen in Wirklichkeit können mußt und Du hast gerade mit Deiner blöden Unaufmerksamkeit für Details Jim umgebracht. Findest Du das witzig? Lachst Du morgen auch, wenn Du jemand fallen läßt?"

Ich wies sie an, für eine Weile allein zu bleiben und sich darüber Gedanken zu machen, was sie getan hatte; später könnte sie es dann noch mal probieren. Die Folge meines Ausbruchs war, daß die Gruppe das Sichern sehr ernst nahm. Tatsächlich berichteten verschiedene Teilnehmer am Abend, wie stark sie dieser Zwischenfall betroffen hätte und wie ihnen dadurch zu Bewußtsein kam, daß sie tatsächlich das Leben ihrer Freunde in ihren Händen halten würden.

Dank der Einbettung in den Affekt wurde die Sicherungsmetapher viel intensiver und wirkungsvoller. Meine fünf Sekunden Geschimpfe waren weit effektiver als mein fünfminütiger Vortrag über die Ernsthaftigkeit des Sicherns. In diesem Beispiel bestand der schwierige Schiedsspruch darin zu beurteilen, ob mein Ärger angemessen und heilsam, oder schlicht die Projektion meiner eigenen Enttäuschung über diese Teilnehmerin war. Es ist immer schwer, diese Entscheidung zu treffen. Der einzig sichere Weg, es in Erfahrung zu bringen, besteht im Ausprobieren. Wenn es wirklich hilfreich ist, die eigenen Emotionen zum Ausdruck kommen zu lassen, dann wird die Gruppe das im allgemeinen unterstützen. Trifft man dagegen auf einen starken Gruppenwiderstand, dann ist das ein Zeichen dafür, daß die subjektive Gefühle des Kursleiters mit ihm davongaloppieren.

Mein Ausgangspunkt war echter und spontaner Ärger, der in erster Linie keine selbstsüchtigen Absichten hatte. Ich beschloß, daß es für die Gruppe hilfreich sein könnte, diesem Gefühl Ausdruck zu verleihen und entwarf eine Möglichkeit, den Ärger mitzuteilen, so daß er auf die Teilnehmer eine starke Wirkung haben würde. Das war ein Beispiel dafür, wie man zum größtmöglichen Nutzen des Kurses einen unbewußten Prozeß bewußt einsetzt.

Zusammenfassend sei festgestellt, daß nonverbales und affektives Gestalten der Lernerfahrung bei Outward Bound viel geben kann. Das größte Hindernis für seinen bewußten Einsatz ist die zögerliche Haltung mancher Kursleiter, solche Techniken begründet in einem Kurs einzusetzen. Die größte Gefahr beim Anwenden nonverbaler Techniken besteht darin, daß die persönlichen Vorbelastungen des Kursleiters auf die Teilnehmer projiziert werden können. Ob man sich nun dafür oder dagegen entscheidet, nonverbale und affektive Gestaltungen einzusetzen, es nimmt die Kursleiter in die Pflicht, die eigenen Verhaltensweisen zu überwachen, um sicherzustellen, daß ihre nonverbalen Botschaften mit ihren verbalen Instruktionen kongruent sind.

Die Umdeutung durch einen neuen Rahmen

Etwas in einen neuen Rahmen zu versetzen ist eine Gestaltungstechnik, worin eine bestimmte Erfahrung einen neuen Rahmen oder Hintergrund verliehen bekommt, so daß sie anders wahrgenommen wird. Einem Teilnehmer, der gerade eine Klettertour abgebrochen hat, zu sagen, daß Mißerfolge der einzige Weg sind, um etwas zu lernen, heißt, dem Abbruch einen neuen Rahmen geben. Zunächst faßte er die Klettertour als Mißerfolg auf, weil er nicht oben angekommen war. Im Rahmen buchstäblichen Gelingens scheiterte er tatsächlich, als er umkehrte. Der Kursleiter nahm genau diese Erfahrung und weitete sie aus, so daß dieser Vorfall beim Klettern zum letzten in einer Reihe von Mißerfolgen wurde, die alle neues Wissen mit sich brachten. Der vordergründige Mißerfolg beim Klettern wendet sich in einem größeren Zusammenhang in einen Lernerfolg um.

Man versucht normalerweise dann, etwas in einen neuen Rahmen zu versetzen, wenn eine Erfahrung als Mißerfolg bewertet wurde. Ein kunstfertiger Einsatz solchen Umdeutens könnte einer Gruppe einen Kurs ermöglichen, der vollständig ohne Mißerfolg auskommt, weil man in einem bestimmten Kontext alles in eine bestimmte Art von Erfolg ummünzen kann. In diesem Sinn wird ein positives Umdeuten sowohl zu einer Technik der Gruppenführung als auch zu einer Lebenshaltung. Das „wie" des Umdeutens einer Gruppe ist eine Frage der Technik; auf die positiven Aspekte eines Erlebnisses zu schauen - indem man eine Strategie des Umdeutens zum Einsatz bringt - ist eine Philosophie und eine Lebensart. Ob man in seinem Unglück steckenbleibt oder ob man einen Sinn für Selbstsicherheit und Kompetenz hat, hängt weitgehend davon ab, ob man in der Lage ist, Mißerfolgserfahrungen umzumünzen. Mißerfolge, für die man nicht entschädigt wurde - Mißerfolge, die in ihren ursprünglichen Rahmen fixiert bleiben - nagen an der Willenskraft und dem Geist einer jeden Gruppe. Eine der grundlegenden Botschaften von Outward Bound war es immer, daß man von Rückschlägen lernen und sie zur Grundlage künftiger Siege umformen muß.

Die Technik des Umdeutens besteht aus zwei Teilen. Zunächst muß der Kursleiter wissen, wo er hin will - in welchen neuen Rahmen die Erfahrung am besten paßt. Zweitens muß er wissen, wie er hinkommt - welche verbalen und nonverbalen Techniken dazu verwendet werden können, um den Einzelnen oder die Gruppe dazu zu bringen, die alte Erfahrung in einem neuen Licht zu sehen.

Wo man hin will, ist meist ganz einfach. Die klassische Umdeutung bei Outward Bound lautet darauf, daß man Mißerfolgerlebnisse als Möglichkeiten - Möglichkeiten zu lernen, Tapferkeit zu beweisen, Mitgefühl zu zeigen usw. - neu auffaßt. Diese herkömmlichen Umdeutungen sind oft erste Wahl, solange sie kreativ dargeboten werden können und nicht wie Klischees daherkommen. Neuartige und kreative Weisen, etwas in einen neuen Rahmen zu versetzen, können dagegen viel aufregender sein, weil der Kursleiter dabei für ein Erlebnis einen neuen Kontext schaffen kann, der die Beteiligten vollkommen aufschreckt. Diese „aufrüttelnde" Form des Umdeutens befreit oft die Energien der Teilnehmer in einer Weise, die sowohl sie selbst als auch den Umdeutenden überrascht und erfreut.

Einmal hatte ich eine Teilnehmerin, Susan, die ziemlich klein und sogar etwas zerbrechlich war. Sie hatte es nicht geschafft, sich auf den Kurs vorzubereiten und hatte eine schlechte Kondition. Naturgemäß stand sie eine harte Zeit durch, als sie ihren Rucksack über die Pässe schleppen mußte. Sie hing ständig zurück und hielt die Gruppe auf. Zu allem Unglück war sie durch ihre armselige Vorstellung deprimiert und sie brach regelmäßig in Tränen aus.

Eines Tages teilte ich der Gruppe mit, daß ich sie auf der Paßhöhe erwarten würde. Sie waren so schnell da, wie ich erwartet hatte, aber als sie ankamen, brach Susan schluchzend am Boden zusammen. Wir standen alle um sie herum und ich verwickelte sie in ein Gespräch.

> K (Kursleiter): Du hast Dich wohl ziemlich mies dabei gefühlt, wie Du die Gruppe beim Aufstieg auf den Paß aufgehalten hast.

> T (Teilnehmerin): Oh ja! Ich schaff's nie, nie werde ich stärker. Ich halte sie jedes Mal auf!

> K: Klar, das fühlt sich echt schrecklich an, immer zu wissen, daß man die Gruppe aufhält und daß sie alle nur Deinetwegen langsam gehen müssen.

> T: Ich fühle mich schrecklich deswegen. Ich habe mir schon überlegt, ob ich heimfahren soll. Ich schaff's einfach nicht!

> K: Du weißt schon, daß Du Dich ziemlich hoffnungslos anhörst, oder?

> T: Uh ja...Ich fuhle mich entsetzlich!

K: Na ja, das würde mir echt leid für Dich tun, außer wegen einer Sache. Du hältst Dich für deprimiert, nicht? Und Du bist deprimiert, weil Du glaubst, Du solltest in der Lage sein, so schnell wie der Rest der Gruppe zu laufen und weil das nicht so ist, fühlst Du Dich lausig, nicht wahr?

T: Ja.

K: Na, ich bin nicht sicher, ob diese Gedanken so viel Sinn machen. Ich meine, schau Dir John da drüben an (dabei auf einen gut gebauten, hochgewachsenen Teilnehmer zeigend). Willst Du mir erzählen, daß es Dich deprimiert, daß Du nicht so schnell wie John läufst? (Schnell fortfahrend, bevor sie antworten kann). Nein, ich glaube, Du willst sagen, daß Du in der Lage sein solltest, mit der Gruppe als Ganzes Schritt zu halten, so wie Jackie, oder Kate oder vielleicht so gut wie Larry (sich dabei auf einen mageren Sechzehnjährigen beziehend).

T: (Nickt)

K: Das finde ich überhaupt nicht. Du wiegst fünfundzwanzig Pfund weniger als Kate, Du bist gut 12 cm kleiner als Jackie und Larry ist jeden Tag acht Kilometer weit gelaufen, bevor er herkam. Nee, für mich ist Deine ganze Niedergeschlagenheit nichts als eine Form von Egoismus.

T: (Schaut völlig perplex. Hebt an, etwas zu sagen, aber der Kursleiter fährt fort.)

K: Ja, ich meine Egoismus. Du dachtest, daß Du mit Deinen 47 Kilo, Deinen Einmeterfünfundfünfzig, mit einem Rucksack, der halb so viel wiegt, wie Du selbst, ohne Vorbereitung auf den Kurs mit dem Tempo der Gruppe Schritt halten könntest.

T: Aber ich sollte mithalten können. Ich fühle mich elend, wenn sie wegen mir langsamer laufen.

K: Jetzt fängst Du schon wieder damit an (dabei klingt die Stimme humorvoll, freundlich und unterstützend - ganz im Gegensatz zur buchstäblichen Bedeutung des Gesagten), Du glaubst immer noch, daß Du Superwoman bist! Ich habe

Dir ein paar gute Gründe dafür genannt, warum Du langsamer bist, als jeder andere in der Gruppe. Ich habe gerade bewiesen, daß Du Dich langsamer als jeder andere in der Gruppe bewegen solltest, aber egoistisch und unrealistisch wie Du bist, weigerst Du Dich zuzugeben, daß ich recht habe.

T: Aber ich bin nicht egoistisch. Mir fehlt's vor allem an Selbstbewußtsein!

K: Wenn Du auf die Berge steigst, denkst Du an nichts anderes, als wie Du Dich machst, oder? Du genießt nicht die Blumen, oder kümmerst Dich um die anderen oder irgendsowas, oder?

T: Na ja, nein...

K: Siehst Du? Eine Frau, die denkt, sie sei Superwoman und die den ganzen Tag an nichts als sich selbst einen Gedanken verschwendet. Das nenne ich egoistisch.

T: Aber...(Kursleiter unterbricht sie).

K: Also, das wichtige ist nicht, daß Du egoistisch bist. Das wichtige ist, daß Du die Sache in den Griff bekommst, jetzt, wo Du weißt, daß Du eine Egoistin bist. Oh, ich weiß, Du fühlst Dich nicht wie die klassische X-beliebige Egoistin. Aber das kannst Du von mir annehmen - du hast keine Probleme mit Depressionen oder mangelndem Selbstbewußtsein - Du hast ein Problem mit ausufernden, unrealistischen Erwartungen und denkst dauernd an Dich. Verstehst Du, was ich meine?

T: Ja, irgendwie schon. Aber ich wäre gern besser. (Sie hat aufgehört zu weinen und ist völlig in dieser neuen Sicht ihrer selbst befangen.)

K: Na gut, der erste Schritt zum Besserwerden liegt darin zu wissen, von wo man ausgeht. Du solltest lieber einfach anerkennen, daß Du in dieser Gruppe das schwächste Glied bist. Offen gesagt, es macht mir nichts aus, eine Spur langsamer vorwärtszukommen, aber ich hasse es, mich ständig mit Deinem Egoismus abfinden zu müssen.

T: (Zweifelnd:) Klar.

K: Aber ich weiß nicht, wie's den anderen allen geht (zeigt auf die Gruppe). Wie geht's Euch damit zu akzeptieren, daß Susan nicht ganz so schnell wandert?

Jetzt stimmt die Gruppe ein und sagt ihr, daß alle sie wirklich dabeihaben wollen, daß es ihnen angenehm ist, langsam zu laufen, daß sie nicht immer langsam ist und ähnliche aufbauende Botschaften. Unterdessen hellt sich Susans Miene auf und sie sieht zunehmend besser aus.

K: Wie geht's Dir jetzt?

T: Viel besser. Ich möchte Euch allen wirklich danken, daß Ihr mich akzeptiert.

K: Ich bin immer bereit, Dich zu akzeptieren, aber ich habe überhaupt keine Lust, mich noch länger mit Deinem egoistischen Verhalten abzufinden (lächelnd, mit freundlicher Stimme). Also denk einfach daran, wenn ich noch irgendwas von diesen unrealistischen Erwartungen merke, oder davon, daß Du ständig an Dich selbst denkst, dann werde ich mit Dir ein Hühnchen rupfen!

T: (Lächelt zurück), Ich denk', ich hab's kapiert.

Dieses Beispiel illustriert die meisten wichtigen Bestandteile, die in einer typischen Umdeutung vorkommen. Man muß einsteigen, indem man sich auf den aktuellen emotionalen Stand der Teilnehmerin begibt. Lassen Sie sie wissen, daß Sie ihre Sicht der Dinge verstanden haben. Erkennen Sie diese Sicht an. Teilnehmer, die in Bedrängnis sind, werden neue Anregungen nur dann aufnehmen, wenn sie wissen, daß dem Kursleiter klar ist, wie schmerzhaft das für sie ist.

Erst wenn dieses Einverständnis gesichert und mitgeteilt ist, fängt der Kursleiter damit an, die betreffende Person in einen neuen Rahmen zu leiten. Noch während die Teilnehmerin in den neuen Rahmen eingeführt wird, fährt der Kursleiter damit fort, verständnisvolle Äußerungen zu geben, die davon zeugen, daß er weiß, wie schwer es ist, in den neuen Rahmen einzusteigen.

In diesem Beispiel stand der neue Rahmen der Umdeutung in krassem Gegensatz zu ihrem normalen Selbstbild. Sie hatte sich immer als niedergeschlagene, sich selbst ablehnende Person gesehen. Die Vorstellung, sie sei egoistisch -

mit allen damit einhergehenden Assoziationen der Großartigkeit und der Selbst-
überhöhung - erschütterte sie sehr. Das Bemühen, sich mit diesen Vorstellungen auseinanderzusetzen, um deren etwas außergewöhnliche Implikationen zu
verstehen, entzog sie ihrem deprimierten, am Boden zerstörten Zustand.

Innerhalb ihres alten Wahrnehmungsrahmens versagte sie, indem sie mit der
Gruppe nicht Schritt halten konnte. In diesem Kontext waren ihre Niedergeschlagenheit und ihre Selbstkritik am Platz und verständlich. Der neue Rahmen beschrieb das selbe Verhalten als größenwahnsinnig und egoistisch.
Doch auch nach der Umdeutung hatte sie so noch immer ein großes, haus-
gemachtes Problem. Oberflächlich betrachtet, scheint das kein großer Fort-
schritt.

Der entscheidende Unterschied zwischen den beiden Deutungsmustern
besteht darin, daß sie merkte, daß sie die Probleme des Größenwahns und
des Egoismus meistern konnte. Im Gegensatz dazu fühlte sie sich hilf- und
hoffnungslos, ihre Depressivität und ihre Selbstabwertung in den Griff zu
bekommen. Die neuen Probleme erschienen neben den alten trivial.

Das offenkundige Ziel des neuen Rahmens bestand darin, die Teilnehmerin
aus ihrer tristen Stimmung zu reißen. Das verdeckte Ziel war, ihr dabei zu
helfen, schneller vorwärts zu kommen, so daß das Wandern für sie zu einem
Erfolgserlebnis werden konnte. Es war zwar richtig, daß sie körperlich das
schwächste Glied der Gruppe war, aber was sie eigentlich bremste, war ihre
andauernde Selbstkritik. Indem sie die Tatsache, daß sie langsamer war, offen
anerkannte und indem sie von der Gruppe die Erlaubnis bekam, sich in ihrem
Tempo fortzubewegen, konnte sie das höchstmögliche, von ihr erreichbare
Tempo einschlagen. Es war keine Überraschung, daß dies nur um eine Spur
langsamer als das normale Tempo der Gruppe war. Im Fortgang des Kurses
schwand auch dieser Unterschied. Die Niedergeschlagenheit und die Tränen
hörten auf, und sie wurde viel erfolgreicher in die Gruppe integriert.

Mißerfolge mit einem neuen Rahmen umdeuten funktioniert gut bei Einzelpersonen; man kann es ebenso bei Mißerfolgen der Gruppe anwenden.

*Während der Expedition eines Abschlußkurses wich eine
Gruppe von ihrer Route ab, da zwei Teilnehmer Magen-Darm-
Beschwerden hatten. Sie waren aus den Bergen gekommen
und warteten im Talgrund. Ich fuhr mit einem Lastwagen hin,
um abzuschätzen, wie gravierend die Magen-Darm-Beschwerden seien und um zu entscheiden, auf welche Art sie ihren
Abschlußkurs zu Ende bringen könnten.*

Als ich ankam, saßen sie herum, kochten etwas zu essen und waren von einer trübseligen Stimmung umwölkt. Nachdem ich festgestellt hatte, daß es sich bei den Magen-Darm-Beschwerden um nichts Ernsthaftes handelte, begann ich damit, einen neuen Rahmen zu setzen, der vorbereiten sollte, daß ich die Gruppe auf eine abgewandelte Abschlußroute zurückschicken könnte.

K: *Also, nachdem wir uns die Mägen angeschaut haben, wie geht's Euch allen denn im Kopf? Ihr seht so trübsinnig aus.*

G (Gruppenmitglieder): *Ich fühl mich irgendwie mies. Wir wußten ja, daß wir bloß wegen solchen Magengeschichten nicht von der Route abweichen sollten und jetzt hocken wir hier. Wir haben jetzt keine Chance mehr, unsere Abschlußtour zu bestehen, besonders wenn man an unser Tempo denkt (andere Gruppenmitglieder pflichten mit ähnlichen Kommentaren bei).*

K: *(Nach einiger Zeit des Zuhörens mit empathischem Kopfnicken), Na, mir scheint, Ihr habt etwas merkwürdige Vorstellungen, worum's bei Abschlußkursen geht. Wenn ich Euch so zuhöre, dann habe ich fast den Eindruck, Ihr denkt, daß ein Abschlußkurs darin besteht, einer bestimmten, vorgegebenen Route durch die Berge zu folgen! (in einem ungläubigen Tonfall).*

G: *Na ja, das ist schon ein großer Bestandteil. Irgendwie müssen wir bis morgen abend bis zu den Biberteichen kommen, und ich hab keine Ahnung, wie wir das schaffen sollen.*

K: *Kaum zu glauben. Ich meine, das ist der Abschluß- nicht der Anfängerkurs, und Ihr denkt immer noch, daß Outward Bound etwas damit zu tun hat, daß man von Punkt A nach Punkt B gelangt (immer noch im gleichen ungläubigen Ton)?*

Schaut mal, Ihr seid alle mit dem Bus hierher gekommen, oder? Und wenn Ihr in drei Tagen wieder abreist, dann fahrt Ihr mit dem Bus wieder weg. Und zwischen diesen beiden identischen Busfahrten, sind wir in den Bergen im Kreis herumgerannt, stimmt's? Ihr denkt immer noch, Outward Bound hat was damit zu tun, irgendwo hin zu reisen?

Ich meine, Ihr Leute seid auf diesem Trip überhaupt nirgends hingereist - immer und immer wieder nur im Kreis. Wenn Ihr Euch das genau anschaut, dann ist das eine ziemlich blöde Art, dreiundzwanzig Tage zuzubringen und soviel Geld dafür auszugeben, oder?

Selbstverständlich werdet Ihr jetzt sagen, daß Ihr Zeit und Geld nicht dafür investiert habt, um Euch im Kreis zu bewegen; wir haben es dafür eingesetzt, um etwas über uns zu lernen - um uns zu entwickeln. All das Herumlaufen im Kreis war dazu bestimmt, uns zu anderen Menschen zu machen.

Sicher könnt Ihr das sagen, aber ich kann nicht erkennen, daß Ihr Euch daran jetzt wirklich erinnert. Irgendwie scheint Ihr alle vergessen zu haben, daß es in einem Outward Bound Kurs um anderes als um's Vorwärtskommen geht. Bildlich gesprochen, gehen wir überhaupt nirgends hin. Hier oben zu reisen (deutet auf den Kopf), darum geht's. Die innere Reise macht den Unterschied, nicht die äußere Strecke. Was Ihr Euch jetzt alle fragen solltet, ist, „Wie bringen wir diese Abschlußtour zu Ende, so daß wir im Inneren am weitesten kommen?"

Und das ist eine Frage des Stils. Aber, Leute, Ihr habt solange überhaupt keinen Stil, solange Ihr denkt, daß der Abschlußkurs darin besteht, eine vorgegebene Route zu absolvieren. Diese Einstellung bringt Euch gar nirgends hin, und abgesehen davon, in Anbetracht dessen, was Ihr über Outward Bound wißt, ist es einfach blöd - zu denken, die gegebene Route abzuschließen wäre das Ding!

Ich bin in vieler Hinsicht froh, daß Ihr von der Route abgewichen seid. Im anderen Fall hättet Ihr vielleicht weiterhin geglaubt, daß der Maßstab für einen Erfolg bei Outward Bound darin bestünde, physisch gut voranzukommen. Jetzt habe ich den Eindruck, daß es sich in Euren Köpfen eingebrannt hat, daß es um die innere Reise geht, nicht um die äußere - um die Reisequalität, nicht um die Reisequanität. Die Dinge mit Stil angehen.

So, was Euch jetzt erwartet, ist, mit Stil zu den Biberteichen zu kommen. Ihr habt noch viele Möglichkeiten, um das zu schaffen. Also, wer hat eine Landkarte...

Während ich diesen Monolog vom Stapel ließ, beobachtete ich die Gruppe genau und verzeichnete ihre Reaktionen. Sobald ich feststellen würde, daß ein bestimmter Kurs Wirkung zeitigte, würde ich ihn beibehalten. Säßen sie in gespannter Haltung, wären aufmerksam und gäben andere nonverbale Signale der Zustimmung, würde ich fortfahren. Andernfalls würde ich nochmals zum Ausgangspunkt zurückkehren und mein Einverständnis mit ihrem Zustand signalisieren. Beispielsweise flocht ich die Aussage ein, die Absicht des Kurses sei es, Veränderung zu bewirken, als mir ihre nonverbalen Zeichen sagten, daß ich nahe davor war, den Kontakt zu ihnen zu verlieren.

Selbstredend kann man diese Umdeutung in der simplen Botschaft zusammenfassen, daß die Gruppe das Abweichen von ihrer vorgegebenen Route als neue Möglichkeit für Entwicklung und nicht als Fehlschlag bewerten sollte. Aber ich konnte mich nicht einfach hinstellen und das so sagen. Ich mußte die Botschaft zurechtmachen, mußte einen ungläubigen Ton in meine Stimme legen, mußte ihnen den Eindruck der offenkundigen Bedeutungslosigkeit von Outward Bound geben, indem ich Ausdrücke wie „immer und immer nur im Kreis" und „mit dem selben Bus zurückfahren" verwendete. Ich führte sie behutsam in den neuen Rahmen ein. Und ich paßte genau auf, daß die Art, in der ich sie führte, auch funktionierte - indem ich nicht den Kontakt zu ihnen verlor. Es ist außerordentlich bedeutsam, den passenden Rahmen für ein Problem auszuwählen. Aber dieser schöne neue Rahmen wird wertlos sein, solange der Kursleiter seine Teilnehmer nicht richtig hineinführen kann. Viele der tiefen Weltwahrheiten sind Klischees, und mit den passenden Rahmen steht es nicht anders. Aber noch das müdeste Klischee kann mit Leben und Bedeutung erfüllt werden, wenn die Reise dorthin elegant, aufregend und intensiv gestaltet ist.

Es ist nur eine Frage der Kreativität und der Erfahrung des Kursleiters, den passenden Rahmen auszuwählen. Wenn Sie mit einem auftretenden Mißerfolg konfrontiert werden, dann fragen Sie sich: „In welchem Kontext gibt das eine positive Erfahrung ab?" Wenn dann nicht schnell eine Möglichkeit zur Umdeutung aufscheint, dann weiten Sie einfach den Kontext aus und sehen Sie sich die Erfahrung in einer breiteren Perspektive an. Buchstäblich jede Erfahrung ist in einem bestimmten Kontext bedeutsam und positiv. Finden Sie den bedeutsamen Kontext, der den Teilnehmern am meisten nützt und führen Sie sie dann kunstfertig und elegant zu ihm hin.

Zusammenfassung: Wann man welche Strategie benutzt

Vom Standpunkt der metaphorischen Erziehung aus haben die Kursleiter einen klaren Auftrag. Sie haben ihren Teilnehmern isomorphe, metaphorische Aktivitäten anzubieten und müssen sie dabei unterstützen, Erfolgserlebnisse zu machen. Diese beiden Ziele werden erreicht, indem man verschiedene Techniken der Einkleidung zur Anwendung bringt, von denen einige oben vorgestellt wurden.

Das erste Problem besteht darin sicherzustellen, daß jede Kursaktivität so isomorph wie nur möglich mit den Bedürfnissen der Gruppe ist. Da Aktivitäten auf die unterschiedlichste Weise aufgefaßt werden können, muß der Kursleiter verbale und nonverbale Verhaltensweisen einsetzen, um den im Erziehungssinn hilfreichsten Kontext herzustellen. Die grundlegendste Einkleidungstechnik, die man verwendet, um die spezifische Bedeutung einer bestimmten Aktivität festzulegen, ist die direkte Suggestion. Eine wirkungsvolle Suggestion, mit einer kreativen und engagierten Präsentation dargeboten, wird häufig den Effekt haben, die Aufmerksamkeit der Teilnehmer in die gewünschte Richtung zu dirigieren.

Manchmal wird eine Metapher - eine bestimmte Kursaktivität - jedoch als so bedrohlich erlebt, daß Angst die Wahrscheinlichkeit eines Erfolgserlebnisses herabsenkt. Dann versucht der Kursleiter, die Aufmerksamkeit der Teilnehmer von der Angst ab- und zu einem angenehmeren Bestandteil der Metapher hinzulenken. Eine Einkleidungstechnik, mit der das gut gelingt, ist die ablenkende Suggestion. Die Teilnehmer werden direkt dazu aufgefordert, sich auf einen untergeordneten Aspekt des Erlebnisses zu konzentrieren; dabei profitieren sie unterbewußt dennoch von der übergeordneten Botschaft der Metapher. In dem obigen Beispiel wurden die Teilnehmer gebeten, sich auf die Führungsrolle zu konzentrieren - die einen untergeordneten Aspekt der Hand-Kommunikations-Übung darstellt - und nahmen dabei zugleich die Hauptbotschaft von Nähe und Verbundenheit mit, die unbewußt durch den nachhaltigen und engen Körperkontakt übermittelt wurde.

Wenn der Charakter bestimmter Anleitungen zum Widerstand herausfordert, dann ist es manchmal von Vorteil, sie in einer didaktischen Informationseinheit oder in einer Geschichte zu verbergen, die zu der in Frage stehenden Aktivität nur in einer sehr vagen oder die äußeren Umstände betreffenden Weise in

Beziehung stehen. Das funktioniert besonders gut, wenn die Anleitungen so gestaltet sind, daß sie vernünftig klingen. Würde die Aktivität jedoch den Teilnehmern direkt abverlangt, dann hieße das für sie, das Gesicht zu verlieren. Ein solcher Zugang ist insbesondere wertvoll, wenn man mit einer Gruppe arbeitet, die sich chronisch Anweisungen von Autoritätsfiguren widersetzt.

Eine der besten Weisen, zu Erfolgserlebnissen zu ermutigen, besteht offenkundig darin, daß man den Teilnehmern sagt, wie sie sich richtig verhalten. Das Üben technischer Fertigkeiten verfolgt dieses Ziel offen. Jenseits solcher technischer Übungen ist es jedoch auch sinnvoll, den Teilnehmern das tatsächliche Gefühl für eine erfolgverheißende Strategie zu vermitteln. Indem man direkte Anweisungen mit einer Geschichte oder einer Anekdote ausschmückt, erfahren die Teilnehmer von den Verhaltensweisen, die erforderlich sind, um eine Kursanforderung zu meistern. Diese Art von Erprobung bietet konkrete Beispiele, um das Gedächtnis zu unterstützen, sie hilft dabei, im Unbewußten Strategien festzusetzen und kann auf vergleichbare Problemlagen übertragen werden.

Wenn man eine Erfahrung erst einmal gemacht hat, dann wird das, was in der Vergangenheit dabei geschah, gleichsam eingefroren; dennoch bleibt die Interpretation des Ereignisses selbst noch fließend und veränderbar. Ein Weg, um positive Interpretationen herbeizuführen, besteht darin, für eine Gelegenheit und eine sichere Atmosphäre zu sorgen, die zu Bekenntnissen ermutigt. Ein zweiter Weg, das bereits Geschehene umzukleiden, ist das Umdeuten. Buchstäblich jede Erfahrung hat in einem bestimmten Kontext das Potential, als Erfolg zu gelten. Mit einer angemessenen Einfühlung und entsprechender Führung sind Kursleiter in der Lage, ihre Gruppen zu einem neuen Verständnis eines Mißerfolgserlebnisses zu leiten, zu einem Verständnis, das die Grundlage für künftige Erfolge legt.

Archetypen

Der stolze Preis des Lernens

*Nasreddin beschloß, es könne ihm nützen, etwas neues
zu lernen. Also ging er zu einem Musiklehrer. „Wieviel
verlangst Du dafür, mir das Lautespielen beizubringen?"
„Drei Silberlinge im ersten Monat; danach für
jedes weitere Monat zwei Silberlinge."
„Wunderbar!", sagte Nasreddin, „dann fange
ich mit dem zweiten Monat an."*

In Kapitel I wurde ausgeführt, daß die hauptsächliche Wirksamkeit von Outward Bound von der metaphorischen Natur der Kurserfahrung herrührt. Kapitel III konzentrierte sich auf Techniken, die metaphorische Isomorphiebildungen verstärken und auf Methoden, die den Teilnehmern Erfolgserlebnisse vermitteln. Während diese Zugänge zur metaphorischen Erziehung wohl recht wirkungsmächtig sind, gibt es doch noch einen anderen Faktor, der entscheidende Einflüsse auf die Effektivität des Lernprozesses bei Outward Bound hat.

Allen Einkleidungstechniken, die weiter oben vorgestellt worden waren, geht das Rohmaterial des Kurses selbst voraus - die grundlegenden Outward Bound Aktivitäten, wie Klettern, Rafting und das Leben in der Gruppe. Zweifellos können die impliziten Botschaften der Kursaktivitäten irgendwie durch die Einkleidungstechniken des Kursleiters geformt werden. Trotzdem: irgend etwas von dem, was ganz elementar und ganz grundlegend für jede Aktivität ist, wird ungeachtet der Art und Weise der Präsentation, durchkommen. Zum Beispiel wird ein Marathonlauf immer etwas über die individuelle Leistungsfähigkeit aussagen, egal wie gewandt sich ein Kursleiter darin versucht, daraus die Erfahrung gegenseitiger Unterstützung abzuleiten. Daher ist es ganz entscheidend, daß ein Kursleiter darauf vorbereitet ist, mit den impliziten Botschaften der verschiedenen Kursaktivitäten zu arbeiten. Um das zu erreichen, muß man etwas über Archetypen wissen.

Die Archetypenlehre wurde von C.G. Jung und seinen Anhängern entwickelt. Jung war ein Psychiater mit besonderem Interesse für Träume und daneben für Mythologie, Alchimie, Anthropologie und Religion. Während er diese Wissensgebiete studierte, stellte er fest, daß bestimmte Bilder und Themen immer wiederkehren. Er fand zum Beispiel heraus, daß die Träume von Westeuropäern schlagende Ähnlichkeit mit Themen der Mythen der Australischen Ureinwohner haben. Und einige seiner Schizophreniepatienten beschrieben Erfahrungen, die mit Passagen in alten alchimistischen Texten identisch waren. Je mehr er untersuchte, desto stärker wuchs seine Überzeugung, daß, ungeachtet aller menschlichen Verschiedenheit, einige der Weisen, die Welt zu organisieren und zu verstehen, universal sein müssen; er konnte davon ausgehen, daß er bestimmte Themen - die Archetypen - in jedem Individuum, in jeder Kultur und an jedem Punkt in der Geschichte wiederfinden würde.

„Archetyp" bedeutet wörtlich originales Muster oder Druckvorlage: alle folgenden Repräsentationen sind Kopien von diesem Original. Jung argumentierte, daß dieses originale Muster in der Psyche jedes Menschen reproduziert würde und daß es Grenzen und Entwurf der Weltwahrnehmung festlege. Es gibt viele Archetypen und jeder davon beeinflußt die Wahrnehmung auf seine Weise. Archetypen werden entdeckt und ihr Muster entziffert, indem man Beispiele in der menschlichen Kultur und der menschlichen Erfahrung untersucht, in denen der Archetyp repräsentiert oder manifestiert wird. Nehmen wir den

Archetyp des Heiligen Ortes als Beispiel. Es gibt Tausende von Mythen und Anekdoten, die die besonderen Erlebnisse von Menschen an Heiligen Orten zum Gegenstand haben. Ungeachtet der großen Verschiedenheit dieser Mythen haben sie einige Elemente miteinander gemein. Es sind diese gemeinsamen Elemente, die als passende Beschreibung des archetypischen Musters anerkannt werden.

Ein gemeinsames Thema ist, daß der Heilige Ort immer schwer zu erreichen ist. Der Suchende muß lernen zu fliegen, oder eine bewachte oder gefährliche Brücke überschreiten, oder gegen einen Drachen kämpfen. Gelangt er schließlich an sein Ziel, so entdeckt er, daß das Gebiet des Heiligen Ortes höchst ungewöhnlich ist. Fremdartige Pflanzen und Tiere haben dort überdauert. Regelmäßig werden die Naturgesetze wie Schwerkraft oder Zeit gebrochen.

Der Suchende erfährt den Heiligen Ort stets als etwas hochgradig Numinoses - er ist durchhaucht von einer Stimmung der Macht, des Geheimnisses und der Ehrfurcht. Es hat deutlich Anteil an einer transzendenten Ebene des Seins. Menschliche Wesen - deren Heimstatt die Erde ist - können dort niemals bleiben. Erstens fehlt es dort an den Voraussetzungen für normale Lebensvollzüge. Zweitens hat der Suchende immer etwas Wichtiges zu erledigen, wenn er in die Realwelt zurückgekehrt ist.

Der Heilige Ort hinterläßt auf dem Suchenden stets sein Brandmal. Manchmal kehrt er mit einem Erinnerungsstück vom Heiligen Ort zurück - vielleicht mit einem Schwert oder einem Kelch - aber oft ist das Markzeichen eher innerlicher Art. In jedem Fall ist der Suchende unwiderruflich verändert - er hat den Heiligen Ort betreten und ist nicht mehr der, der er war. Die Qualität der Veränderung hängt für gewöhnlich von der Qualität des Zugangs zum Heiligen Ort ab. Jene, die ihn angemessen betreten haben, voller Respekt und mit reinem Sinn, werden auf positive Weise gestärkt. Jene aber, die leichtfertig mit der Macht des Heiligen Ortes gespielt haben, erhalten in ihre Macht irgendeinen Fluch verwoben.

Zuletzt treten all diese Veränderungen magisch und unerwartet ein. Die Suchenden verdienen sie sich nicht in dem Sinn, daß sie ihre Belohnung zurecht erhalten. Die Belohnungen sind immer zu groß und zu überraschend, als daß sie irgend etwas anderes, als freiwillige Geschenke einer höheren Macht sein könnten.

Jeder, der viel Zeit in der Wildnis verbracht hat, kann leicht die Parallelen zwischen ihr und den Archetypen des Heiligen Ortes erkennen. Es ist schwierig, in die Wildnis zu gelangen und in ihr vorwärtszukommen. Um darin bestehen zu können, muß man eine Reihe von Prüfungen durchlaufen. Und die Wildnis unterscheidet sich von der Normalwelt auf hundert Weisen. Vor allem ist sie von einer Art religiöser oder mystischer Stimmung durchdrungen - zum Anrührendsten an der Natur gehört, daß sie unterschwellig die Anwesenheit von Ordnung und Sinn nahezulegen scheint.

Die Kraft eines Archetypen besteht darin, daß die Menschen im Unterbewußtsein darauf vorbereitet sind, eine konkrete Manifestation eines archetypischen Musters zu erkennen, wenn sie irgendwo in der Welt darauf stoßen. Nach Jung sind alle Archetypen buchstäblich in das Unbewußte des Menschen eingebrannt. Sie sind mit den tierischen Instinkten vergleichbar. Ein Teilnehmer ist darauf gepolt, die Wildnis als Heiligen Ort wahrzunehmen, wie der Vogel im Winter gen Süden fliegt.

Für Outward Bound besteht der Nutzen der Wildnis, interpretiert als Heiliger Ort, darin, daß dieser Archetyp unauslöschlich mit der Vorstellung von Transformation und Veränderung verknüpft ist. Die Wildnis als Heiligen Ort betrachten heißt, daß der Teilnehmer unterschwellig die Möglichkeit - oder gar die Wahrscheinlichkeit - akzeptiert hat - daß irgendeine mächtige Veränderung auftreten mag. Diese Erwartung, gestärkt zu werden, kann es trotz aller Beschränktheiten der Vergangenheit geben, denn Veränderungen durch den Heiligen Ort sind magisch und unverdient.

Natürlich ist die Macht der Archetypen in Wirklichkeit einigen Einschränkungen unterworfen. Aber es besteht kaum ein Zweifel, daß bestimmt Kurserfahrungen an die Anwesenheit einer oder mehrerer dieser uranfänglichen Muster appelliert und daß der kundige Kursleiter zum Besten der Teilnehmer ihre Existenz unterstreichen kann. Indem er so verfährt, konfrontiert er die Teilnehmer mit weit mehr als seinen eigenen didaktischen Fähigkeiten oder ihren persönlichen Stärken. Die Teilnehmer partizipieren unausgesprochen an uralten Mustern menschlicher Entwicklung. Jeder, der irgendwann einen Outward Bound Kurs geleitet hat, ist sich darüber im Klaren, daß der Geist eines Kurses oft das übersteigt, was die Beteiligten an Fähigkeiten mitbringen. In diesem Sinne ist es gerechtfertigt zu sagen, daß die Berge für sich selbst sprechen. Es liegt beim Kursleiter, sich so effektiv wie möglich, bewußt wie unbewußt, mit dieser Macht zu verbünden.

In Outward Bound Kursen stehen Dutzende von Archetypen zur Verfügung. Jeder dieser Archetypen ist nahezu unendlich komplex - ganze Bücher wurden über die Verzweigungen und Feinheiten von einigen (z.B. über den Helden) geschrieben. Auswahl und Ausführungen über die folgenden zehn Archetypen können nur an der Oberfläche ihrer Anwendung in Erziehung und Bildung rühren. Dennoch kann die Untersuchung einer begrenzten Anzahl von Archetypen, die hauptsächlich bei Outward Bound vorkommen, den Kursleitern erlauben, ihre personliche Form eines Bewußtseins für Archetypen auszubilden - ihren eigenen Weg zu finden, mit den Kursarchetypen zu arbeiten.

Entwicklung, Reifung, Wachstum

Vielleicht ist der grundlegendste Archetyp der, den die Kursanlage selbst ausbildet. Im Wesen ist der Outward Bound Kurs eine symbolische Wiederholung des gesamten Entwicklungsprozesses. Indem man die Teilnehmer in eine unvertraute Umgebung entläßt, werden sie in einen kindhaften Zustand zurückversetzt (Grundkurs-Expedition). Der weitere Kursverlauf führt sie dann durch die Jugendphase (Alpine Expedition), bis hin zum Erwachsensein (Abschlußkurs). In diesem Sinn ist der Kurs ein Übergangsritus.

Man kann sich dessen Macht irgendwie dadurch verständlich machen, indem man sich an das Konzept der transderivationalen Suche erinnert. Die Teilnehmer assoziieren unbewußt den Entwicklungsprozeß bei einem Outward Bound Kurs mit ihrem eigenen Entwicklungsprozeß. Da alle Teilnehmer im Lauf ihrer Entwicklung grundlegende Veränderungen durchgemacht haben, erwarten sie unbewußt ein ähnliches Maß an Veränderung vom Kurs. Selbst wenn ihr tatsächlicher Lernerfolg gering ist, werden sie im Unbewußten alles mögliche tun, um die Bedeutung der Veränderung zu erhöhen.

Es ist richtig, daß viele Kurse für Persönlichkeitsentwicklung und viele Lernerfahrungen den Entwicklungsprozeß wiedererstehen lassen oder eine Art von Übergangsritus einsetzen. Aber bei Outward Bound geschieht dies besonders wirkungsvoll. Der mächtige Anstoß, der von einer unvertrauten Umgebung ausgeht, ruft in beinahe jedem Teilnehmer einen kindhaften Regressionszustand hervor. Und die unterschiedlichen Formen der Herausforderungen - von denen viele tatsächliches körperliches Unbehagen einschließen - unterstreichen die Kraft und Bedeutung des Übergangsritus nach dem Muster von Outward Bound. Wie ein Teilnehmer einmal feststellte: „Wenn es so weh tut, dann muß ich schon eine Menge davon haben."

Die Kursstruktur als solche fungiert als grundlegende Aufforderung, an diesem Archetyp teilzuhaben. Der Kursleiter kann im weiteren die Kraft des Archetyps verstärken, indem er sich dessen subtile, fortwährende Wirkung bewußt macht und soweit als möglich damit arbeitet. Ein Vorschlag wäre, klare und offene Erwartungen aufzubauen, daß die Gruppe nach dem Abschlußkurs erwachsen geworden sein wird. Ich fange mit dieser Art Botschaften schon am ersten Tag an, indem ich immer wieder darauf hinweise, wie kurz ich nur bei ihnen sein werde, indem ich meine Rolle als „Anleiter" im Unterschied zum

„Führer" unterstreiche, und indem ich mich physisch von ihnen distanziere, sobald dies sicher und ratsam erscheint. Es ist ein alter Grundsatz von Outward Bound, daß „sie niemals wirklich etwas lernen, solange der Kursleiter dabei ist." Wie viele Grundsätze hält dieser in aller Kürze eine lebenswichtige Wahrheit fest. Kinder werden nicht richtig erwachsen, solange ihre Eltern sie überbehüten, und Gruppen tun dies ebensowenig.

Die Kunst, genug Nähe zu vermitteln, um als Lehrer eine Stütze zu sein und zugleich genug Abstand zu halten, um die Teilnehmer allein wachsen zu lassen, ist eine Gratwanderung, die man niemals perfekt meistert. Beim Versuch, sich auf diesem Grat zu halten, haben viele Kursleiter ein gemeinsames Problem festgestellt: wird die Gruppe dazu ermutigt, unabhängig vorzugehen, dann benehmen sich die Teilnehmer oft wie Kinder. Sie stehen spät auf, packen langsam, machen unangemessene Pausen, treffen unausgereifte Entscheidungen und passen nicht genug auf sich auf.

Die meisten Gruppen sind während des Grundkurses wie Kinder. Diese Regression ist ein eleganter Bestandteil des Kursdesigns und die Kursleiter sollten sich nicht wundern, wenn gereifte Jugendliche oder gar Erwachsene sich wie unbeholfene Kinder zu benehmen scheinen. Der entscheidende Faktor ist jedoch, wie sich ein Kursleiter zu diesen Fehlern verhält. Von Zeit zu Zeit habe ich Kursleiter beobachtet, die von oben herab zu ihren Gruppe redeten. Normalerweise geschieht dies recht unterschwellig und geht mit einer vagen Herablassung einher - im Sinn von „diese Weicheier werden nie was lernen." Die Teilnehmer greifen diese verdeckte Botschaft schnell auf und weigern sich, reifer zu werden. Sie werden von der fortgesetzten Unterstützung ihres Kursleiters abhängig.

Kursleiter müssen sich jeder Anstrengung unterziehen, um sicherzustellen, daß wenige oder keine ihrer Äußerungen auf herablassende Weise elternhaft sind. So weit als möglich müssen die Teilnehmer wie Erwachsene behandelt werden, auch wenn sich die Gruppe kindlich verhalten hat. Ein Trick, den ich gebrauche, besteht darin, daß ich mir vorstelle, die Teilnehmer seien älter als ich selbst. Das hilft mir dabei, sie mit größerem Respekt zu behandeln. Ich versuche auch, mir vorzustellen, daß sie alle schreckliche Schwierigkeiten mit Autoritäten haben, daß sie sich gegen direkte Anweisungen aufbäumen und sich ihnen verweigern und daß sie auf jede Äußerung, die auch nur den Hauch von Bevormundung spüren läßt, übersensibel reagieren. Erinnern Sie sich daran, daß die Botschaften des Kursleiters über das Erwachsenwerden normalerweise außerordentlich subtil sind. Man muß sie durch sorgfältige Introspektion überwachen und sich wann immer möglich darüber Rückmeldung geben lassen.

Ein anderer Zugang besteht darin, daß man den Entwicklungsprozeß dadurch aktiv unterstützt, daß man bestimmte Punkte des Kurses symbolisch markiert. Das Design des Standardkurses markiert den Übergang vom Alpinen zum Abschlußkurs (von der Reifezeit zum Erwachsensein) dadurch, daß neue Gruppen gebildet werden, daß man ohne Kursleiter unterwegs ist und indem ein Gespräch mit dem Kursdirektor angeboten wird. Ein Kursleiter kann mit dem Übergang vom Grund- zum Alpinkurs etwas ähnliches machen. Während des Grundkurses suggeriere ich oft direkt, daß die Teilnehmer sich im Alpinkurs viel reifer verhalten werden. Dann kennzeichne ich den Übergangspunkt, indem ich sie bitte, eine Gruppenzusammenkunft ohne mich abzuhalten (eine Frage-Antwort-Auswertung und ein Blitzlicht) und indem ich am ersten Tag des Alpinen Kurses eine Kur in der Schwitzhütte durchführen lasse. Das typische Ergebnis der Suggestion und des rituellen Ereignisses ist, daß die Gruppe sich während der Alpinen Expedition reifer verhält. Tatsächlich kommentieren sie häufig die veränderte Atmosphäre des Anschlußkurses.

Insgesamt sorgt das Kursdesign für einen außerordentlich positiven Entwicklungskontext. Die Kursleiter sollten versuchen, die Fortschritte der Teilnehmer im Durchgang durch die Entwicklungsstadien mit allen möglichen Mitteln zu unterstützen. Sie sollten besonderes Bewußtsein dafür entwickeln, daß sie keine unterschwelligen Hinweise geben, die unbewußt als Unterstellung aufgefaßt werden können, daß die Gruppe kindhaft und abhängig bleiben werde.

Der Heilige Ort

Wie weiter oben schon erwähnt tendiert die Konfrontation mit der Wildnis während eines Outward Bound Kurses dazu, den Archetypen des Heiligen Ortes und die damit einhergehende Erwartung, daß sich etwas verändert, ausprägen zu helfen. Natürlich werden Archetypen in der Welt niemals perfekt repräsentiert - sie sind Idealbilder und ihre Manifestationen werden immer durch bestimmte Faktoren eingeschränkt. Im Fall von Outward Bound sind die Kursleiter die heikelsten Faktoren. Die Möglichkeiten des Teilnehmers, den Archetypen des Heiligen Ortes zu erfahren, werden in hohem Maß vom Verhalten des Kursleiters abhängen.

Die Fähigkeit des Kursleiters, sich am Prozeß der Heiligung der Natur zu beteiligen, beruht auf der Tatsache, daß beinahe alle Kursleiter tatsächlich schon glauben, daß die Wildnis heilig ist. Sie erschaffen die Heiligkeit nicht aus dem Nichts; sie drücken vielmehr ihre eigenen Überzeugungen aus. Es ist dies ein bezeugender, kein erzeugender Prozeß.

Die Manifestation des Archetyps wird durch den Kursleiter initiiert, der vorführt, wie man sich gegenüber dem Heiligen Ort verhält. Jede Handlung und jedes Wort des Kursleiters kann die Botschaft übermitteln, daß es sich bei der Wildnis um einen besonderen Ort handelt. Die Teilnehmer beobachten, wie die Kursleiter die Höhle oder die Tundra betreten, ihre Sorgfalt, den Platz für ein Tarp ordentlich herzurichten und ihre Behutsamkeit, irgendwelche Wegspuren zu hinterlassen. Dieses Vorbild wird durch Informationseinheiten über das Reisen, ökologische Einwirkungen und die Gesundheitspflege verstärkt.

Nahezu unvermeidlich wird die Gruppe durch Abfall, Wasserverunreinigung oder Beschädigung von Pflanzen gegen ökologische Grundsätze verstoßen. Bei diesem Anlaß ist es absolut angemessen, daß die Kursleiter überreagieren und eine übertriebene Auseinandersetzung über einen Vorfall vom Zaun brechen, der tatsächlich der Wildnis nur ganz geringen Schaden zufügt. Sich über zwei Gemüseschnipsel auf dem Grund eines Flusses zu echauffieren oder eine Gruppe wegen zweier Schnüre, die auf dem Lagerplatz vergessen wurden, zurückzuschicken, wird den Teilnehmern fast immer maßlos übertrieben vorkommen. Aber diese ausgesprochene Maßlosigkeit ist ein Tribut an die Heiligkeit der Wildnis. Wenn die Teilnehmer ihren Kursleiter - der normalerweise den Inbegriff des gesunden Menschenverstandes darstellt - dabei sehen, wie er sich schrecklich über etwas aufregt, das ganz sicher keine große Sache ist, dann müssen sie ihre Wahrnehmung der Realität daran anpassen. Entweder sie beschließen, daß der Kursleiter verrückt ist (was sie nicht können, weil sie von ihm abhängig sind) oder sie müssen anfangen zu glauben, daß die Wildnis ein besonderer Ort ist und daß normale Gesetze dort außer Kraft gesetzt sind.

Informationen über die Naturgeschichte können ebenfalls sehr dazu beitragen, daß die Teilnehmer die Wildnis als Heiligen Ort wahrnehmen. Man kann Geologie so vorstellen, daß die Teilnehmer das Gewicht der Zeit spüren. Das erlaubt ihnen, eine zeitliche Perspektive zu gewinnen, von der aus sie ein Gespür für ihre eigene Endlichkeit gewinnen können. Auch ökologische Lehreinheiten können große Wirkung zeitigen. Was könnte in einer Welt, in der alles vergänglich, planlos und chaotisch erscheint, ein größeres Zeichen der Heiligkeit sein, als die Balance, die Stabilität und die Harmonie, die in funktionierenden ökologischen Systemen so klar zum Vorschein kommen?

Ein gewiefter Metaphernarbeiter kann sogar seine Informationseinheiten in Naturgeschichte so strukturieren, daß sie mit den Problemen der Gruppe direkt isomorph werden. Wenn es in einer Gruppe zum Beispiel einen Teilnehmer gibt, der eine lange Geschichte des Widerstands gegen Veränderung hinter sich hat, dann kann der Kursleiter über die Unvermeidlichkeit der Veränderung in Naturprozessen dozieren. Er kann ausführen, in welcher Weise Wind, Wasser und Eis selbst den härtesten Fels niederbrechen und wie dessen Sand sich mit feinerem Staub und organischem Material mischt, um schließlich zu Erde zu werden. Dann könnte er mit der Beschreibung schließen, wie daraus neues Leben beginnt. Er könnte auch darüber sprechen, welche Folgen der harte Widerstand gegen Veränderung hat - je fester sich ein Baum gegen den Wind stemmt, desto wahrscheinlicher wird er umstürzen, wird er gerade durch diesen Wind verändert werden. Die Möglichkeiten für solche Metaphern in naturkundlichen Lektionen sind potentiell unbegrenzt.

Zusammenfassend gesprochen läßt ein Heiliger Ort den Transformationsprozeß viel leichter vorankommen und gestaltet die Veränderungen grundlegender und andauernder. Der Kursleiter sollte die Teilnehmer dabei unterstützen, die Wildnis als Heiligen Ort wahrzunehmen. Einige in dieser Hinsicht hilfreiche Techniken sind vorbildliches Verhalten, Überreaktionen auf Umweltverschmutzung und eine umsichtige Präsentation naturkundlicher Informationseinheiten.

Gerechtigkeit

Wie oben schon erwähnt, sind die Teilnehmer in ihrem normalen Leben in eine Welt verstrickt, die chaotisch ist und sich dauernd verändert, wo Ereignisse unvorhersehbar sind und wo es schwer ist, sich auf irgend etwas zu verlassen. In ihren Grundzügen ist es eine Welt ohne Konsequenzen und ohne Gerechtigkeit. Viele Teilnehmer haben große Schwierigkeiten damit, ihr Verhalten im Alltagsleben mit irgendwelchen Konsequenzen in Beziehung zu setzen; die Dinge scheinen sich in eine gewisse Richtung zu bewegen, unabhängig davon, was sie machen.

Der Outward Bound Kurs setzt sich auf radikale Weise dieser Empfindung des Chaos entgegen, indem er den Archetypen der Gerechtigkeit - der rechten und billigen Konsequenzen, die von den eigenen Handlungen des Teilnehmers herrühren - dem Gipfel seiner Bedeutsamkeit zuführt. Nahezu jede Kursaktivität mündet in authentische Ergebnisse, die den Teilnehmer durch eine klare Ursache-Folge-Relation betroffen machen.

Doch selbst bei einem Outward Bound Kurs ist es einigen Teilnehmern möglich, ihre Aktivitäten so zu gestalten, daß sie es vermeiden, die Konsequenzen ihres eigenen Verhaltens zu spüren. Diese Teilnehmer werden im allgemeinen als faule oder initiativarme Typen beschrieben. Sie lassen die anderen kochen, die Tarps aufstellen und die Routen auswählen. In vielen Gruppen setzt sich diese Vermeidungshaltung trotz der negativen Rückmeldungen durch Gruppe und Leitungspersonen während des ganzen Kurses fort.

Ein Mittel, um solchen Haltungen entgegenzutreten, besteht darin, daß man die Gruppe in Koch- und Tarp-Gruppen zu je drei Teilnehmern aufteilt. Zu Beginn der Alpinen Expedition teilen Sie alle faulen Teilnehmer der gleichen Tarp-Gruppe zu. Der geringste Effekt dieses Verfahrens besteht darin, daß wenigstens einer oder zwei von ihnen zu aktiven Gruppenmitgliedern werden müssen. Recht oft ist die Wirkung jedoch weit günstiger. Die sogenannten faulen Teilnehmer verhalten sich oft deshalb so, weil sie an ihren eigenen Fähigkeiten zweifeln. Als Folge davon neigen sie dazu, sich zurückzuhalten und lassen die offenkundig fähigeren Teilnehmer alles übernehmen. In einer Gruppe „fauler" Mitglieder ist der Eindruck des Risikos bei weitem herabgemildert. Die schwierigen Teilnehmer können mehr Selbstvertrauen entwickeln und einige der vermeintlich nicht funktionsfähigen Gruppen werden eine wundersame Kehrtwendung erleben.

Eine weitere Technik besteht darin, den schlechtesten Kartenleser zum Führer der Gruppe zu machen. Alle anderen werden aufgefordert, Stillschweigen zu bewahren. Normalerweise weckt allein die Drohung, einer solchen Initiative erfordernden Aufgabe ausgesetzt zu werden, das Interesse des Teilnehmers für Orientierungskunde. Das tatsächliche Eintreten dieser Drohung kann sowohl auf die Führer wie auf die Nachfolgenden erstaunliche Wirkungen haben, besonders dann, wenn sie sich verlaufen. Gehen Sie dabei jedoch sicher, daß Sie ihre Teilnehmer vorgewarnt haben, daß sie eine solche Aufgabe erwarten könne, und daß es zu den klar vorausgesetzten Gruppenverantwortlichkeiten zähle, sich gegenseitig Orientierungskunde beizubringen. Wenn die Teilnehmer die letztendliche Verantwortung dafür haben, den schwächeren Mitgliedern Orientierung beizubringen, dann und nur dann kann man von ihnen erwarten, daß sie die Konsequenzen aus dem gescheiterten Lernen mancher Teilnehmer akzeptieren.

Ein zweites mögliches Hindernis, während eines Outward Bound Kurses die Erfahrung von Gerechtigkeit zu machen, tritt auf, wenn Teilnehmer einen Kursleiter für einen Fehler verantwortlich machen, anstatt selbst dafür die Verantwortung zu übernehmen. Sie könnten die Kursleitung beschuldigen, die Route zu schwer, zu lang oder nicht sicher genug gewählt zu haben. Sie könnten ins Feld führen, es seien ihnen nicht die nötigen Fertigkeiten vermittelt worden, oder daß ihre Führungsqualitäten für eine so große Herausforderung unzureichend seien.

Selbstverständlich prüfen die Kursleiter zunächst die Möglichkeit, daß die Teilnehmer mit manchen dieser Anschuldigungen im Recht sein könnten. Wenn man jedoch unterstellt, daß dies nicht der Fall sei, dann sollte die Kursleiter sofort der Verdacht beschleichen, daß sie den Teilnehmern zu viel Unterstützung gegeben haben. Der sicherste Weg, um sich vor solchen Klagen zu schützen, liegt darin - klar, wiederholt, verbal wie nonverbal und vom ersten Tag an - geltend zu machen, daß die Teilnehmer in der Wildnis allein seien, daß der Kursleiter nur als Ressource dabei sei, usw.

Es ist leichter als man glaubt, Teilnehmer abhängig zu machen. Und es ist bedauerlich, daß solche Abhängigkeit so oft einfach daraus erwächst, daß der Kursleiter hilfreich und unterstützend sein möchte. Aber denken Sie daran, daß mit Ausnahme von Teilnehmern mit extrem geringer Leistungsfähigkeit (z.B. von Teilnehmern aus Strafanstalten) diejenigen Gruppen, die ihre Kursleiter für ihre eigenen Fehler schelten, solche verantwortungslosen Attitüden an den Tag legen, die die Kursleiter selbst hervorgerufen haben.

Das Schicksal

Die Erlebnisqualität eines Outward Bound Kurses und die gefahrvolle und unvorhersehbare Natur der Wildnis führen unvermeidlich zu einem Zusammenstoß mit dem komplementären Archetypen der Gerechtigkeit: den unkontrollierbaren und launenhaften Grillen des Schicksals. Gerechtigkeit impliziert, daß eine faire Konsequenz folgen wird, wenn man nur richtig handelt. Das Schicksal jedoch verfügt, daß man, ganz gleich, was man tut, auf Gnade und Ungnade dem Unbekannten ausgeliefert ist. Alles kann passieren.

Die Art der Problemlösung, die man unter den Auspizien des Schicksals betreiben muß, unterscheidet sich stark von normaler Problemlösung. Zu entscheiden, ob man von einer Hochtour aufgrund von Wolkenbildung abweichen soll, bedeutet eine qualitativ andere Entscheidungsstrategie, als den besten Weg über „The Wall" auszuarbeiten. Im Fall der Hochtour sind die Teilnehmer in einen Dialog mit dem Unbekannten eingetreten - sie sind in eine Beziehung mit dem Unwägbaren eingebunden. Die Angst, die mit dem Unvorhersehbaren einhergeht, ist ihr Begleiter. Dies trifft angesichts der möglichen ernsten Konsequenzen des Schicksals in einem Wildnisraum besonders zu.

Diese Art von Entscheidungen sind besonders bedeutend, weil sie enge Parallelen mit der Schwere und Zwiespältigkeit zentraler Lebensentscheidungen aufweisen. Nur diese aus dem Schicksal erwachsenen Kursereignisse sind mit den meisten ausschlaggebenden Verpflichtungen des Lebens wahrhaft isomorph. Aus diesem Grund zählen solche Begebenheiten zu den wichtigsten Momenten im Kurs, und es obliegt jedem Kursleiter, die Teilnehmer soviel als möglich solchen Entscheidungen auszusetzen, bei denen Zufall und Unvorhersehbarkeit eine Rolle spielen.

Unglücklicherweise verpassen die Teilnehmer in vielen Fällen die Gelegenheit, daran teilzuhaben, weil der Kursleiter die Kontrolle übernimmt und für die Gruppe alle Entscheidungen trifft. Das geschieht, weil viele mit dem Schicksal verbundene Entscheidungen mit hochriskanten Situationen einhergehen. Selbstredend sind didaktische Ziele hinter der Sicherheit der Gruppe immer zweitrangig, und es gibt Gelegenheiten, in denen der Kursleiter einschreiten und alle Autorität übernehmen sollte. Aber der Druck, der von der Rolle des Kursleiter ausgeht, arbeitet in einer Richtung, die ihn dazu bringen kann, zu früh einzuschreiten und die Teilnehmer einer unersetzlichen Lernmöglichkeit zu berauben.

In jeder hochriskanten Situation tragen die Kursleiter die fürchterliche Last, die Sicherheit aller Teilnehmer zu gewährleisten. Es ist eine normale Neigung, diesen hohen Druck zu schnell wie möglich verringern zu wollen. Infolgedessen kümmern sich die Kursleiter selbst um die Entscheidungen, anstatt Zeit und Energie darauf zu verwenden, den Entscheidungsprozeß der Teilnehmer zu unterstützen. Oft habe ich Kursleiter dabei beobachtet, oder davon gehört, daß sie, angefangen von der Route über Erste Hilfe, über Ausfälle bis zur emotionalen Unterstützung, Einzelentscheidungen getroffen haben, ohne auch nur einmal die Masse der Gruppe in den Entscheidungsprozeß einbezogen zu haben. Eine der elementaren Botschaften von Outward Bound ist, von einer Gruppe zu erwarten, daß sie ihre Probleme selbst regelt. Es ist wichtig, die Problemlösungen der Teilnehmer nicht auf Initiativübungen zu beschränken und alle wichtigen Entscheidungen dem Kursleiter vorzubehalten. Selbstverständlich muß der Kursleiter alle Entscheidungen im Risikobereich sorgfältig überwachen, um zu gewährleisten, daß Sicherheitsstandards vollständig erfüllt werden. Aber diese Überwachung kann verdeckt und unaufdringlich geschehen; die Teilnehmer können aus einer wichtigen Entscheidung mit dem Gefühl herausgehen, daß sie sie allein getroffen haben.

Zusammenfassend sei festgehalten: Die Kursleiter müssen sich bewußt machen, daß sie möglicherweise ein gewisses Maß an Angst aushalten müssen Die Angst wird sie dazu verleiten, den Teilnehmern Entscheidungen wegzunehmen, die mit dem Schicksal verknüpft sind. Sie sollten sich darauf einrichten, dieser Tendenz zu widerstehen und den Teilnehmern gestatten, in solche Entscheidungen einzutreten und ihr Engagement so weit als möglich darauf zu beschränken, sie zu unterstützen und die Situation unauffällig unter Kontrolle zu behalten.

Die Mutter

Jeder Kurs strotzt vor Begegnungen mit den hilfreichen und nährenden Kräften des mütterlichen Archetyps. Er erscheint beim Sichern, beim Kochen, bei der Ersten Hilfe und beim Spenden von Trost während körperlicher und emotionaler Tiefpunkte. Die Teilnehmer dazu anzutreiben, der Mutter in ihrer Fülle gegenüberzutreten, ist besonders wichtig angesichts der Tatsache, daß die große Masse der Teilnehmer bei Outward Bound männliche Jugendliche sind, deren Fähigkeiten, mütterliche Qualitäten auszudrücken, notorisch unterentwickelt sind.

In manchen Gruppen sind die Fähigkeiten im Bereich der Fürsorge so wenig ausgeprägt, daß schwache, deprimierte oder körperlich kranke Teilnehmer nicht spontan angemessene Aufmerksamkeit erhalten. Die ausgeprägte Erwartung, daß „wir uns um uns selber kümmern", wird das Problem nicht kurieren helfen. In einigen Situationen wird man die Fürsorge sogar strukturieren müssen. Man kann einen Teilnehmer bestimmen, sich um einen Kranken zu kümmern, oder ihn unterschwellig darum bitten, mit einem zu sprechen, der deprimiert ist. Im Fortgang des Kurses kann vom jeweiligen Führer des Tages erwartet werden, daß er für die Fürsorgebedürfnisse der Gruppe verantwortlich ist. Die Kursleiter sollten auf solche Teilnehmer aufpassen, die von ihrer anstatt von der Unterstützung ihrer Gruppenmitglieder abhängig sind. Man kann die Gruppe mit ihrer Unfähigkeit, die Bedürfnisse eines bestimmten Teilnehmers zu befriedigen, konfrontieren. Das bringt nicht nur die Themen von Fürsorge und Abhängigkeit auf den Plan, sondern schafft auch dem Kursleiter manche Teilnehmer vom Hals!

Die Familie / die Gemeinschaft

Die kleine, bewegliche Gruppe menschlicher Wesen ist vielleicht die älteste mehrgliedrige Struktur in der menschlichen Geschichte. Wenn Primaten eine adäquate Analogie abgeben, dann kann man sogar behaupten, daß die Gruppe grundlegender als die sexuelle Partnerschaft ist. Die Familie der Gruppenmitglieder erfüllt besonders wichtige Bedürfnisse von Outward Bound, indem sie als Gegenpol zur „Ich"-Orientierung fungiert, die in der amerikanischen Kultur seit den 60er Jahren vorherrscht. In einer Gruppe wird von den Teilnehmern ständig erwartet, daß sie ihre Bedürfnisse mit denen der anderen abstimmen.

Für gewöhnlich werden die Kursleiter an einem bestimmten Punkt des Kurses von den körperlich fitten Teilnehmern gefragt, warum es ihnen nicht gelungen sei, Gruppen mit homogenen physischen Voraussetzungen zusammenzustellen. Neben den Pragmatismen der Sicherheitsrichtlinien und der Vermeidung von Burnout bei den Kursleitern liegt vielleicht der entscheidendste Grund für dieses Vorgehen darin, daß so eine „Outward Bound Welt" entsteht, die mit dem Alltagsleben in höherem Maß isomorph ist. Im wirklichen Leben stößt man außerordentlich selten auf homogene Gruppen, in denen alle Mitglieder die gleichen Fähigkeiten mitbringen. Die Einzelnen werden fast immer flexibel genug sein müssen, sich an Situationen anzupassen, wo Menschen Fähigkeiten auf unterschiedlichem Niveau haben. Outward Bound erlaubt, diese Flexibilität auf konkrete und außerordentlich sichtbare Weise vorzuführen. Die körperlich fitten Teilnehmer können ihre Motivation bekommen, indem sie sich einem schwierigen Abschlußkurs anschließen, oder indem sie zusätzliches Gewicht tragen. Aber während des Kurses ist es wichtiger, daß sie sich der Herausforderung einer Gruppe mit einer großen Spannbreite von Fähigkeiten stellen und diese bewältigen.

Die Fähigkeit des Teilnehmers, mit Würde Hilfe zu geben und anzunehmen, ist ein Zeichen, daß er die Lektion des Archetypen der Gemeinschaft gelernt hat. Dieser Lernerfolg stellt sich nur ein, wenn der Teilnehmer sein Bewußtsein bis zu dem Punkt erweitert, an dem er sich mit der Gruppe identifiziert. Das ist der Punkt, an dem er sich wohlfühlt: die Bedürfnisse der Gruppe werden zu seinen Bedürfnissen und im Gegenzug ist es legitim, daß er die Gruppe um Hilfe bittet. Diese Art einer würdevollen Beziehung setzt beim Teilnehmer voraus, daß er seine eigene Eingebundenheit in die Gruppe voll anerkennt. Er hat in der Gruppe seinen Platz und seine Aufgabe; es ist recht und korrekt, daß er hier ist; die Gruppe braucht ihn und er braucht die Gruppe. Da diese Art der Zugehörigkeit im normalen Leben - sogar in Familien - häufig fehlt, ist es eine der bedeutendsten Errungenschaften einer Kurserfahrung bei Outward Bound, wenn dieses Zusammengehörigkeitsgefühl erfolgreich zustande kommt.

Natürlich werden sich die Teilnehmer beim Versuch, enge Familienbande zu knüpfen, in Schwierigkeiten stürzen. Die zwei häufigsten Probleme erwachsen aus den Teilnehmern, die sich schrecklich fehl am Platz fühlen - sie sind „nicht gut genug" - und das gegenteilige Extrem, die Teilnehmer, die sich für zu reif oder zu stark für die Gruppe halten. Ein Weg, um diesen Dilemmas zu entgehen, liegt im Umdeuten. Erzählen Sie den unzulänglichen Teilnehmern, daß sie sich aufführten, als wären sie sich „zu gut", um sich der Gruppe anzuschließen. Das kann sie ausreichend schockieren, daß sie ihre „oh-wie-schrecklich-ich-doch-bin"-Strategien aufzugeben. Im Gegenzug bezichtigen Sie die stolzen Teilnehmer, nicht gut genug zu sein. Sie können ihnen sagen, daß das ganze Kursziel darin bestünde, den Egoismus zu überwinden und Fähigkeiten zu entwickeln, in Beziehungen einzutreten, und daß sie gerade dieses Ziel vollständig verfehlt hätten. Sie hätten es tatsächlich so grundlegend verfehlt, daß Sie sich fragten, ob sie die minimalen Anforderungen erfüllten, um überhaupt in der Gruppe zu bleiben. Beide Umdeutungsversuche werden, wenn sie mit angemessener Einfühlung eingeführt werden, diesen Teilnehmern helfen, sich umzuorientieren und sie werden einer angemessenen Teilhabe an der Gruppe offener gegenüberstehen.

Die Erweiterung des Bewußtseins bis zu dem Punkt, an dem das Ich sich mit der Gruppe identifiziert, ist die Wurzel des Dienst-Ideals von Outward Bound. Aber Kurt Hahn und die anderen „Outward Bound Denker" wünschten sich, daß das Dienst-Ideal die Identifikation mit der Menschheitsfamilie verkörpern solle; es hätte sie enttäuscht, wenn der Dienstbegriff sich darin erschöpfen würde, daß man lediglich gegenüber einer kleinen Gruppe wie der Kursgemeinschaft Loyalität entwickelt. Die Teilnehmer müssen mehr wissen, als wie man einander Hilfe spendet und sie empfängt. Ihr Denken muß sich erweitern - sie müssen damit anfangen, sich mit der ganzen Menschheit zu identifizieren.

Ein Mittel, um diese Bewußtseinserweiterung zu unterstützen, besteht in der direkten Suggestion. Erzählen Sie ihren Teilnehmern, daß ein persönliches Opfer, wie einem Gruppenmitglied das Gepäck abzunehmen, nicht nur diesem anderen Teilnehmer zugute kommt; derjenige, der das Gewicht übernimmt, kann damit ein universales Mitgefühl in die Tat umsetzen, das er in seinen Alltag mitnehmen wird. Man kann auch mit politischen Themen arbeiten, besonders da die Teilnahme an der Politik implizit die Verflochtenheit zwischen dem Einzelnen und der Gruppe anerkennt. Ein Beispiel wäre eine Art Umwelt-hearing, worin angeregt werden kann, daß die Teilnehmer hier Informationen geboten bekommen, die sie nach dem Kurs befähigen, aktiv am politischen Leben teilzunehmen. Eine Müllsammelaktion ist ein anderes übliches und sinn-volles Dienst-Projekt, das dadurch bereichert werden kann, daß man eine Me-ditation darüber hält, wie andere Rucksackreisende dank ihrer Bemühungen diesem Ort begegnen werden. Bitten Sie die Teilnehmer, sich die Gesichter der künftigen Naturnutzer angesichts eines verunreinigten Sees vorzustellen. Dann lassen Sie sich die gleichen Wanderer vorstellen, wenn sie an einen sauberen Ort kommen. Leiten Sie die Diskussion über diese Übung so, daß die Teilnehmer ein klares Bewußtsein dafür entwickeln, daß ihre Arbeit für das Leben eines anderen einen deutlichen Unterschied ausmacht.

Der entscheidende Faktor liegt darin, daß die Teilnehmer - durch Imagination oder durch Aktion - die Erfahrung machen, daß ihre Handlungen dem mensch-lichen Geschlecht nützen. Es ist manchmal schwer, Übungen zu finden, die ihr Bewußtsein über die Ebene der Kursgruppe hinausführen, aber es ist aus-schlaggebend, daß man das erreicht, wenn man Ziele auf der Ebene des Dienstes anstrebt.

Zusammenfassend verlangt die Bildung einer erfolgreichen Kursgruppenfami-lie, daß die Teilnehmer ihr Bewußtsein über die „Ich"-Orientierung hinaushe-ben. Ein Weg, um die typischen Widerstände gegen diese Bewußtseinserwei-terung zu durchbrechen, besteht im Umdeuten. Um die Ziele des Dienstes von Outward Bound zu erreichen, ist es von entscheidender Bedeutung, eine Identifikation mit der Menschheitsfamilie herzustellen. Das wird möglicherwei-se am besten durch konkrete Projekte erreicht, die durch direkte Suggestion und Diskussion vermittelt werden.

Der Führer

Die elementarste Wahrnehmung der Führerschaft setzt den Führer mit Macht gleich. Die Aura der Autorität, die Führungspersonen umgibt, macht sie zu Ausnahmepersönlichkeiten. Sie werden als vereinzelt, einzigartig und von der Norm abweichend gesehen. Es überrascht nicht, daß in der ganzen Geschichte die Führer regelmäßig mit Göttern verglichen wurden. Tatsächlich haben viele Führer beansprucht, Manifestationen des Göttlichen, oder Abkömmlinge von Göttern, oder Herrscher von Gottes Gnaden zu sein.

Die Macht der Führerschaft wirkt als Verstärker für die angeborenen Gaben des Individuums. Alle seine Stärken und Schwächen werden rücksichtslos zur Schau gestellt. Das macht den Führer zu einem besonders exponierten Ziel sowohl für positive wie negative Rückmeldungen. Die Rückmeldungen für einen Führer sind so verstärkt wie seine Attribute und oft Schwarz-Weiß-Malerei; er ist entweder ein Heiliger oder ein Teufel - ausgewogenes, vernünftiges Feedback kommt relativ selten vor.

Vom Archetyp aus gesehen ist die Führerschaft symbolisch mit der Ausübung göttlicher Macht gleichzusetzen. Natürlich ist deshalb die Möglichkeit zu führen - also „wie ein Gott" zu werden - eine sehr angestrebte Position. Im Gegenzug ist die Angst vor negativer Rückmeldung - als Teufel oder als hoffnungslos ungenügend gebrandmarkt zu werden - potentiell erschreckend. Die Macht der Führerschaft polarisiert die Menschen: einige werden alles dafür tun, um in ihren Genuß zu kommen, andere sind ebenso unerbittlich in ihrer Verweigerung dagegen.

Teilnehmer, die zu Führern werden, erleben all diese Dinge. Möglicherweise werden sie aktiver, wachsamer und stärker sein, indem sie die Energien der anderen kanalisieren; sie werden das Gewicht der Verantwortung und der Autorität spüren; und sie werden in irgendeiner Weise auf die implizite Göttlichkeit ihrer Rolle reagieren. Außerdem werden sie ihre Gruppenmitglieder als Gefolgsleute kennenlernen und erleben, wie diese ihre Haltungen gegenüber Autoritäten auf sie projizieren. Daher wird schon die geringste Erfahrung der Führerschaft auf einen Teilnehmer die allergrößte Wirkung haben.

Wegen dieser Wirkung ist die Führerschaft tendenziell ein Brennpunkt meiner Kurse. Mein erstes Prinzip besteht darin, meine eigene formale Führerschaft auf ein Minimum zu reduzieren. Tatsächlich führe ich die Gruppe nur am Nachmittag des ersten Tages, am Morgen des zweiten und in einigen risikoreichen Situationen. Zu allen anderen Zeiten versuche ich, meinen Kontakt mit der Gruppe über denjenigen Teilnehmer, der zum Tagesführer ernannt wurde, zu vermitteln. Ich treibe meinen Widerstand gegen das Führen zum äußersten. Wenn zum Beispiel eine risikoreiche Situation mich dazu zwingt, die Kontrolle über die Gruppe zu übernehmen, dann versuche ich sogar da meine Exponiertheit als Führer zu begrenzen. Zum Glück macht die Natur vieler Risikosituationen diese Begrenzung relativ einfach, da sie meistens unterwegs auftreten, wenn die Gruppe für gewöhnlich hintereinander läuft. Ich nehme die Position direkt hinter dem Führer ein und stelle - durch regelmäßige Einflüsterungen - sicher, daß der Führer genau das Richtige tut. Obwohl den Teilnehmern, die sich in der Nähe aufhalten, meistens klar ist, daß ich in irgendeiner Art die Kontrolle übernommen habe, erlebt der Großteil der Gruppe weiterhin den Teilnehmer als Führer. Noch immer sind sie auf ihrem Weg durchs Gebirge auf sich gestellt und noch immer haben sie einen Anleiter, keinen Anführer dabei. Kleine Tricks wie dieser mögen unbedeutend erscheinen, aber zusammengenommen können sie für die Wirkung des Kurses einen großen Unterschied ausmachen.

Als ich damit anfing, Kurse zu leiten, neigte ich dazu, mich sehr auf Spiele wie "Vertrauenslauf" oder "das Pendel" zu verlassen, um den Teilnehmern die Möglichkeit zu geben, dauerndes Feedback über ihre Selbstdarstellung zu bekommen. Jetzt erreiche ich dieses Ziel fast ausschließlich, indem ich den Teilnehmern Rückmeldung über ihr Verhalten als Tagesführer gebe. Zu Beginn des Kurses wird die Gruppe dazu ermutigt, eine Idealvorstellung der Führerschaft zu entwickeln. Typischerweise besteht dies aus Fähigkeiten in Bereichen wie Orientierungskunde, Sicherheit, Entscheidungsfreudigkeit, Einfühlungsvermogen, Kommunikation, Effizienz, Organisation und gesundem Menschenverstand. Dann, während des abendlichen Gruppentreffens, bekommen die Führer Rückmeldung über ihr Verhalten im Hinblick auf diese Kriterien.

Diese Rückmeldung über die Führerschaft hat viele Vorzüge. Zum ersten zeigt es den Teilnehmern, wie man Feedback gibt und bekommt. Zweitens dient es oft dazu, zwischenmenschliche Spannungen zu zerstreuen, bevor sich diese richtig entfalten können. Drittens kann man Feedback in dieser Atmosphäre relativ leicht annehmen. Jeder Führer kann es sich dadurch bekömmlicher machen, daß „sie ja nicht über mich als Person sprechen, sondern darüber, wie fähig ich eine Outward Bound Gruppe leite".

Ich finde, daß es besonders wichtig ist, in der Führerschaft die Dimensionen des Einfühlungsvermögens, der Fürsorge, der Kommunikation und der Organisation zu betonen. Selbstverständlich ist es auch notwendig und angemessen, den Führern zu sagen, daß sie Unzulänglichkeiten im Kartenlesen haben. Aber es ist noch viel wichtiger, darüber zu sprechen, wie sie bemerkten (oder nicht bemerkten), daß John krank war und wie gut sie die chronischen Langsampacker dazu brachten, am Morgen fertig zu werden.

Zusammenfassend ist die Führerschaft - mit ihren begleitenden Facetten der Autorität und Verantwortung - eine eindrucksvolle Erfahrung für die Teilnehmer. Die fundamentale Verantwortung des Kursleiters besteht darin, die Führerschaft zu einem Erfolgserlebnis zu machen und die Teilnehmer zu unterstützen, das in ihr Leben zu integrieren, was sie beim Führen gelernt haben. Es ist hilfreich, wenn der Kursleiter sein eigenes Profil so weit wie möglich zurückhält und dem führenden Teilnehmer die Leitung überläßt oder zumindest dem Anschein nach überläßt. Schließlich kann ein strukturiertes Feedback zur Führerschaft den Teilnehmern auf viele Weise nützen und sogar einige der Kommunikations- und Feedbackspiele ersetzen.

Der Einsiedler

Hinter jedem Verhalten und allen menschlichen Handlungen liegen Fragen wie diese: Was ist der Grund für all dieses Tun? und: Was macht es für einen Unterschied, ob ich lebe oder tot bin? Ernsthafte Betrachtungen über diese Fragen verlangen vom Einzelnen, eine Reise ins eigene Innere zu unternehmen, eine ontologische Suche nach einer Art Sicherheit in einem Universum, das durch Vergänglichkeit bestimmt wird. Einer, der diese Reise unternimmt, zerreißt seine normalen Bindungen zur Welt. Er läßt Freunde und Familie zurück und macht sich auf ins einzige Gefilde, das ganz sein eigen ist: in sein eigenes Herz.

Solche Menschen sind Einsiedler. In der heutigen Zeit sind sie natürlich oft bar traditioneller Zeichen der Armut, sie werden wohl nicht für lange Zeit in der Abgeschiedenheit verweilen und löchrige Gewänder tragen. Aber selbst in diesem Zeitalter beschreiten sie den vollkommen einsamen Weg auf der Suche nach einem Ziel, das kein weltlicher Reichtum aufwiegen kann.

So, wie die Führerschaft ihre eigene Faszination ausübt, so tut dies auch das Einsiedlertum; die innere Reise hat ihre eigenen Verlockungen, obwohl sie nicht so auffallend und äußerlich zwingend sind, wie die Anziehungskraft des Führers. Dennoch wird sich in fast jedem Teilnehmer etwas regen und antworten, wenn man ihm mit den Kursaktivitäten des Tagebuchs, der Einsamkeit und des Solos die Gelegenheit zu einer persönlichen inneren Reise anbietet.

Solch eine Suche zu ermöglichen, legt den Kursleitern eine besondere Verpflichtung auf. Einerseits wird von ihnen erwartet, daß sie ihren Teilnehmern dabei helfen, auf ihrer Reise erfolgreich zu sein. Andererseits stellen sie fest, daß solche Reisen außerordentlich individualistisch sind, daß es keine bestimmten Regeln gibt und daß jeder und jede sich seinen eigenen, besonderen Weg bahnen und auf ihm fortschreiten muß. Trotz dieser Einzigartigkeit beinhaltet jede existentielle Reise einige kulturell präformierte, allgemeine Qualitäten. Die visionären Erkundungen amerikanischer Ureinwohner haben mehr Ähnlichkeit miteinander als mit den entsprechenden Versenkungen europäischer Mönche. In diesem Sinn verfolgen die Suchenden einen gemeinsamen Weg. Der Kursleiter kann über diese mitteilbaren Aspekte sprechen und dozieren.

Bevor wir jedoch über spezielle Techniken des Solo und der Tagebuchaufzeichnung sprechen, ist es wichtig, die Entwicklung der Solo-Erfahrung bei Outward Bound zu untersuchen. Ursprünglich war das Solo als Überlebensübung konzipiert. Es wurde eingesetzt, um den Teilnehmern zu beweisen, daß sie alles hatten, was das Solo verlangt - daß sie sich in Zeiten großer Not und großen Mangels durchschlagen könnten. Diese Art des Solos exemplifiziert eher den Archetyp des Helden, als den des Einsiedlers. Die Wirkung der 60er und 70er Jahre und der Einfluß östlicher Denkweisen führte dazu, daß man das Augenmerk von der Betonung des Helden weg auf den Einsiedler lenkte. Gegenwärtig stehen beide Zugänge zur Verfügung, wobei die Zugangsform des Einsiedlers wahrscheinlich verbreiteter ist [1].

Der Schlüssel zu einem erfolgreichen Solo liegt in sorgfältiger Vorbereitung. Die moderne Zivilisation ist im Hinblick darauf, wie sie ihre Mitglieder vorbereitet, eine Zeit der Einsamkeit für eine existentielle Suche zu verwenden, eine der armseligsten in der ganzen Menschheitsgeschichte. Der Kursleiter muß gegen dieses Defizit als Heilmittel eine begrenzte Anzahl von Hinweisen und Suggestionen aufbieten, so daß die Teilnehmer zumindest ein minimales Maß an Anleitung auf ihrer Reise haben. Ich steige in meine Solovorbereitung immer ein, indem ich in den zwei oder drei dem Solo unmittelbar vorhergehenden Tagen mit meinen Teilnehmern Einzelgespräche führe. In diesen Gesprächen versuche ich, den Teilnehmern dabei zu helfen, ihre hauptsächlichen Themen oder ihre gegenwärtigen Lebensthemen herauszufinden. Für gewöhnlich ziehe ich es vor, solche Themen zu besprechen, die sich direkt oder indirekt auf den Kurs beziehen, aber wenn die Teilnehmer es wünschen, Themen zu bearbeiten, die sie von zu Hause mitbringen, werde ich darüber ebenfalls reden.

Es kann entscheidend sein, wann man das Solo während des Alpinkurses durchführt. Idealerweise sollte der Alpinkurs schon so weit fortgeschritten sein, daß die Hauptthemen der Gruppe Gelegenheit hatten, sich zu entwickeln und zum Vorschein zu kommen, aber es sollte früh genug stattfinden, daß die Gruppe noch zwei oder drei Tage nach dem Solo zusammen verbringen kann, um zu prüfen, ob die Beschlüsse und Einsichten, die im Solo gemacht wurden, tatsächlich zu einer Veränderung führen.

- -

[1] Wenn ein Kursleiter seine Teilnehmer aufs Solo vorbereitet, besteht die erste Entscheidung, die er treffen muß, darin, ob er sie zu einem den Einsiedler oder den Helden akzentuierenden Solo ermutigen soll. Keine Wahl ist automatisch richtig; wie gewöhnlich wird die angemessene Entscheidung erzielt, nachdem man die unverwechselbaren Bedürfnisse der individuellen Teilnehmer in Betracht gezogen hat. Der Kursleiter sollte jedoch im Hinterkopf behalten, daß das Solo eine der raren Gelegenheiten darstellt, den Archetyp des Einsiedlers zu erleben. Der Kurs bietet verschiedene andere Aktivitäten, bei denen die Teilnehmer den Archetyp des Helden vollständig ausleben können. Dieser Abschnitt geht von der Annahme aus, daß der Kursleiter den Archetyp des Einsiedlers wählen wird; der Archetyp des Helden wird im nächsten Abschnitt behandelt.

Essen ist immer ein heikles Thema. Ich glaube, daß es wichtig ist, vollständig zu fasten oder nur ganz wenig zu essen, um die Erwartungen der Teilnehmer, wie sich ein Einsiedler verhalten sollte, zu erfüllen. Der Mangel an Essen hilft ihnen tatsächlich auch, dem Archetyp stärker zu begegnen. Die totale Konzentration auf die Abwesenheit von Nahrung - diese endlosen und obsessiven Gedanken, die jede Speise begleiten - trägt wenig dazu bei, die existentielle Suche der Teilnehmer voranzubringen. Ich versuche, das in den Griff zu bekommen, indem ich ihnen sage, daß sie entweder fasten, oder eine sehr kleine Menge an Essen mitnehmen könnten. Ich werde ihnen im Normalfall mitteilen, daß jeder ans Essen denkt und ein paar Geschichten über frühere Solos und über Lieblingsphantasien erzählen. Indem man ihre typischen Reaktionen vorwegnimmt, erreicht man eher, daß die Teilnehmer dagegen widerstehen, von Essensobsessionen verzehrt zu werden. Wenn sie nach meinen Erzählungen solchen Phantasien haben, dann verhalten sie sich so, wie ich vorausgesagt hatte und den Menschen widerstrebt es, Gegenstand von Voraussagungen zu sein. Wenn ich ihnen umgekehrt erzählt hätte, daß sie ihre Begierden nach Essen sublimieren und sich auf spirituelle Themen konzentrieren müßten, dann würden sie sich wahrscheinlich von Gedanken, die stetig ums Kulinarische kreisen, total beherrscht finden! Aber wichtiger scheint mir folgendes: Die effektivste Methode, um Essensobsessionen in den Griff zu bekommen, besteht darin, daß man in ausreichender Weise für die anderen Aspekte des Solos Vorkehrungen trifft. Wenn die Teilnehmer während des Solos Dinge zu tun haben, die herausfordernd sind und ihnen ein Erfolgserlebnis vermitteln, dann wird der Essenentzug als relativ zweitrangig erachtet.

In das Vorbereitungsgespräch zum Solo versuche ich, so viele Erfolgsgeschichten über das Solo wie nur möglich einzubauen. Einige dieser Geschichten handeln von früheren Outward Bound Teilnehmern, einige sind Beispiele berühmter Einsiedler, wie Buddha oder Schwarzer Elch. Diese Erzählungen helfen den Teilnehmern, ein exemplarisches Modell des Einsiedlers auszubilden und lehren auf metaphorischem Weg richtige Strategien der existentiellen Suche.

Ich betone auch das Tagebuchschreiben sehr stark. Die meisten Teilnehmer wissen nicht, wie man ein Tagebuch führt - das beste, was sie zustande bringen, ist ein Tagesprotokoll. Der Unterschied zwischen diesen beiden Textarten besteht darin, daß das Tagesprotokoll schlicht ein Bericht dessen ist, was sich ereignet hat; das Tagebuch ist ein Werkzeug, das man dazu benutzt, um die Selbsterkenntnis voranzubringen. Es ist schwer, ein erfolgreiches Solo zu absolvieren, wenn man keine Fähigkeiten besitzt, ein Tagebuch zu führen; aus diesem Grund ist es wichtig, daß der Kursleiter dazu sorgfältig anleitet.

Es gibt viele, viele Arten, ein Tagebuch zu führen. Momentan bezieht eine meiner Lieblingsmethoden eine Variante aus der Technik der Gestalttherapie mit ein. Die Instruktion lautet folgendermaßen:

Viele von Euch freuen sich auf das Solo, weil Ihr hofft, daß es Euch Zeit schenkt, um einige wichtige Themen in Eurem Leben genauer anzuschauen. - Bereiche, in denen Ihr Probleme hattet, genau zu entscheiden, wie Ihr Euch verhalten solltet -. Das ist so, als hätte Euch ein Teil von Euch in eine Richtung und ein anderer Teil in eine andere Richtung gezogen. Je mehr Ihr darüber nachdenkt, desto mehr könnt Ihr beide Seiten erkennen. Und desto weniger wißt Ihr, was Ihr tun sollt.

Ich schlage vor, daß Ihr während des Solos an diesem Thema auf eine formale Weise arbeitet, wobei Ihr Euer Tagebuch zur Hilfe nehmt. Ich möchte, daß Ihr in Eurer Phantasie jedem dieser Teile einen Namen gebt und Euch überlegt, wie er aussieht. Schreibt diese Namen und die Beschreibung in Euer Tagebuch. Bekommt ein echtes Gefühl dafür, daß Ihr die beiden Anteile kennenlernt.

Dann stellt Euch vor, daß sich die beiden Teile irgendwo treffen - in einem Haus, einem Büro, draußen, oder wo auch immer - und daß sie sich über Euer Problem unterhalten. Beschreibt kurz den Ort ihrer Begegnung und gebt dann ihren Dialog wörtlich wieder.

Wenn Ihr mit dem Dialog fertig seid, geht ihn noch mal sorgfältig durch. Stellt fest, welcher Teil stärker wirkt, welcher logischer ist, welcher mehr Fürsorge und Mitgefühl zeigt und so weiter. Schaut nach, ob es einem Teil gelungen ist, den anderen zu überzeugen, oder ob irgendein Kompromiß erzielt wurde. Während Ihr das ausführt, werdet Ihr merken, daß Ihr über die Situation etwas Neues gelernt habt, das Euch vorher nicht verfügbar war.

Machmal reicht das aus, um Euer Problem zu bearbeiten - es
schmilzt irgendwie ab, erledigt sich. Wenn das nicht so ist,
dann könnt Ihr nochmals darauf zurückkommen, nachdem Ihr
eine Nacht darüber geschlafen habt. Ihr werdet sehen, daß der
zweite Dialog, den Ihr schreibt, sich stark vom ersten unter-
scheidet. Daraus könnt Ihr möglicherweise etwas Neues lernen
und vielleicht dieses Mal eine Lösung finden.

Selbstverständlich gibt es viele andere Tagebuchübungen, die auch effektiv
sind. Seien Sie nur sicher, daß sie eine anbieten, die leicht zu erlernen ist und
die eine starke Wirkung hervorruft, wenn sie richtig angewandt wird.

In erster Linie versuche ich, die Teilnehmer dafür zu sensibilisieren, auf ihre
eigene innere Stimme zu hören. Eine der hauptsächlichen Annahmen im
Archetypen des Einsiedlers ist, daß die Suchenden in der Einsamkeit auf Teile
ihrer selbst treffen, die in der normalen Welt nicht zum Vorschein kommen. Es
ist vielleicht das größte Geschenk, das die Kursleiter ihren Teilnehmern, die
ins Solo gehen, mitgeben können, daß sie sie mit konkreten Erwartungen, solche Begegnungen zu machen, wegschicken - darin liegt eine echte Chance
für sie. Geschichten und Übungen können hier helfen, aber die wahren Botschaften werden verdeckt von den Trainern kommen. Wenn sie aufrichtig
überzeugt sind, daß solchen Begegnungen stattfinden können, dann werden
ihre Teilnehmer das auch sein. Im Grunde haben die Kursleiter zwei Möglichkeiten: sie können ihre Teilnehmer aussenden, bereit, das Solo zu ertragen,
oder sie können sie aussenden, bereit, ihrem eigenen Inneren zu begegnen.

Der Held

Die meisten Teilnehmer, die zu Outward Bound kommen, reisen an in dem Glauben, daß die Kurserfahrungen durch den Archetypen des Helden dominiert würden. Sie erwarten, geprüft zu werden, etwas aushalten zu lernen, durch Widrigkeiten gestärkt zu werden und ihre individuellen Fähigkeiten demonstrieren zu müssen. Viele Kursleiter erkennen, daß es für die Teilnehmer auch wichtig ist, andere Archetypen kennenzulernen; aus diesem Grund strukturieren sie ihren Kurse, um alternative Archetypen, wie die Gemeinschaft, die Mutter oder den Einsiedler zu betonen. Während dies ganz klar eine angemessene Entscheidung ist, - besonders, wenn man die Bedürfnisse bestimmter Gruppen in Betracht zieht, - sollte man sich auch in Erinnerung rufen, daß die Teilnehmer bewußt oder unbewußt Outward Bound ausgewählt haben, weil sie glauben, daß sie es nötig hätten, die Lektionen aus der Konfrontation mit dem Helden zu lernen. Aus diesem Grund wird es für gewöhnlich eine weise Entscheidung sein, sicher zu stellen, daß solche Teilnehmer tatsächlich eine klare und unzweideutige Begegnung mit dem Helden machen.

Ein gutes Beispiel dafür, wie man den Teilnehmern helfen kann, eine direkte Begegnung mit dem Archetypen des Helden zu machen, bot ein Kursdirektor im Vorbereitungsgespräch zu einem Marathon. Er hatte schweigend verfolgt, wie die Leitungspersonen und die Teilnehmer sich über ihre Gefühle gegenüber dem bevorstehenden Marathon ausgetauscht hatten.

Ich bin jetzt dagesessen und habe Euer Gespräch verfolgt, das sich um den Verzicht auf Wettkampf, gegenseitige Unterstützung und „ankommen ist alles" drehte, und ich denke, daß das alles ganz richtig ist. Aber ich möchte noch einen anderen Aspekt ins Spiel bringen. Vor drei Jahren bin ich bei einem Outward Bound Marathon mitgelaufen. Das Vorgespräch war diesem hier sehr ähnlich. Der Kursdirektor hatte gehört, was alle zu sagen hatten, und es war nun an ihm, die Diskussion irgendwie auf den Punkt zu bringen. Er erzählte uns, daß er, ganz gleich, was sonst noch gesagt worden sei, die Absicht hätte, sich die Seele aus dem Leib zu rennen. Er sagte uns, daß jeder, der an ihm dranbleiben wolle, werde Blut schwitzen müssen.

(An diesem Punkt fuhr er fort, indem er beschrieb, was es für eine Erfahrung war, mit dem Kursdirektor Schritt zu halten. Er erzählte seine Geschichte plastisch, mit vielen Details darüber, welche Schmerzen er hatte, wie er einen Teil seiner selbst bekämpfen mußte, der ihm ständig einflüsterte „mach langsamer!" und wie er, obwohl er das Rennen nicht gewann, doch viel aus seinen Anstrengungen gelernt hatte.)

Also ich sage Euch jetzt nicht, daß Ihr diese Haltung für den morgigen Lauf übernehmen sollt; aber sie ist eine Möglichkeit - eine, die Ihr vielleicht in Betracht ziehen könntet. Ich jedenfalls weiß, daß ich versuchen werde, das Rennen so zu laufen.

Es ist immer heikel zu versuchen, Teilnehmer in heroische Haltungen zu treiben, weil solche Ermutigungen dazu angetan sind, andere Teilnehmer durcheinanderzubringen und zu beunruhigen. Wenn man einer Gruppe erzählt, daß sie beim Klettern am nächsten Tag lernen müßten, ihre Angst zu überwinden, indem sie sich über ihre eigenen Grenzen hinausschieben, dann kann das für einige Teilnehmer hilfreich, für den Rest der Gruppe jedoch völlig entmutigend sein! Der einfachste und geradlinigste Weg liegt bei diesem Problem darin, die Teilnehmer individuell zu ermutigen oder ihnen zu empfehlen, an anspruchsvollen Abschlußkursen teilzunehmen.

In Bezug auf Geschlechterrollen gibt es einige besondere Punkte zu beachten. Gerade so, wie der typische männliche Jugendliche zu fürsorglichem Verhalten gedrängt werden muß, so muß die typische junge Frau dazu ermuntert werden, sich mit dem Helden auseinanderzusetzen. Es ist ein spezielles Problem in Outward Bound Kursen, daß viele der heroischen Erfahrungen physische Stärke erfordern und die Frauen physisch regelmäßig unterlegen sind. Es ist sicherlich befriedigend, seine eigenen Grenzen nach vorn zu verschieben und dabei Erfolg zu haben, aber es gibt einem noch mehr, wenn man in einer bestimmten Aktivität anerkanntermaßen der Beste ist. Die Tatsache, daß Frauen relativ begrenzte Möglichkeiten für diese Form der hervorragenden Leistung haben, hemmt tendenziell ihre Motivation. Von größerer Bedeutung ist aber, daß viele Frauen in dieser Kultur verdeckte Botschaften erhalten haben, daß herauszuragen - also heroisch zu sein - unfeminin sei. Studien haben gezeigt, daß Frauen häufig in Situationen, in denen Erfolg ihre Beziehungen zu anwesenden Männern stören könnte, Leistungen unter ihrem Standard hervorbringen. Schließlich wurden Frauen darauf konditioniert, bei heroischen Aktivitäten zurückzutreten und Männern die Führung zu überlassen. In Anbetracht dieser drei Faktoren, der physischen Unterlegenheit, einer sozial bedingten Tendenz, unterdurchschnittliche Leitungen zustandezubringen und der mangelnden positiven Haltung gegenüber heroischen Gelegenheiten, überrascht es nicht, daß Frauen im allgemeinen Schwierigkeiten haben, sich ganz mit dem Helden auseinanderzusetzen. Dieses Problem wird noch verstärkt durch Kursleiter, die es nicht schaffen, den Mangel an Heroismus bei Frauen als problematisch anzusehen. Immer wieder werden Outward Bound Mitarbeiter sich zurücklehnen und zulassen, daß Frauen sich möglichst wenig in heroische Situationen einmischen.

Angesichts der Komplexität und der sich selbst erhaltenden Natur dieses Problems ist es oft notwendig, einige besonders heilsame Erfahrungen zu konzipieren. Die grundlegende Strategie besteht aus drei Schritten. Als erstes isolieren Sie die Frauen von den Männern; zweitens: ermutigen Sie die Frauen dazu, heroische Erfahrungen zu machen und ihren Zugewinn an Selbstbewußtsein zu konsolidieren; und drittens: Führen Sie die Gruppe wieder zusammen und unterstützen sie sie dabei, die neuen Geschlechterrollen in Anwendung zu bringen. Diese Strategie ist die Grundlage für einige praktische Übungen. Die Frauen können zu einer eigenen Tarp-Gruppe zusammengefaßt werden. Das stellt sicher, daß sie für ihre Ausrüstung und ihr Wohlergehen selbst Verantwortung übernehmen und sorgt für die weibliche Grundausrüstung, um mit Veränderungen in den Geschlechterrollen anzufangen. Man kann einer Gruppe eine schwierige Aufgabe oder Route geben und nur den Frauen erlauben zu sprechen, oder Führungsrollen zu übernehmen. Die Frauen können dazu ermuntert werden, sich regelmäßig zu treffen, sich über ihre Erfahrungen als Frauen bei einem Outward Bound Kurs auszutauschen und dabei besonderes Augenmerk auf die Möglichkeiten zu richten, an heroischen Situationen teilzuhaben. Solche Zusammenkünfte sind besonders hilfreich, wenn es eine weibliche Kursleiterin gibt; sie kann sowohl ein unschätzbarer Katalysator für den Gruppenprozeß als auch ein unersetzliches Rollenvorbild sein. Schließlich können Frauen auch dazu genötigt werden, sich rein weiblichen Abschlußkursen anzuschließen. Aus einer Vielzahl von Gründen - von denen viele oben schon aufgeschlüsselt wurden - neigen Frauen dazu, sich gegen rein weibliche Abschlußkurse zu sträuben. Die Mitarbeiter nehmen die Vorlieben der Teilnehmerinnen auf diesem Gebiet regelmäßig einfach so hin. Teilnehmerinnen, die sich den rein weiblichen Abschlußkursen angeschlossen hatten, berichten jedoch, daß sie dramatische Gefühle des Erfolgs und der Verpflichtung erlebt hätten, selbst wenn ihnen das Konzept ursprünglich widerstrebt hätte. Zieht man den möglichen Gewinn aus diesen Abschlußkursen in Betracht, dann mag es nützlich sein, die Teilnahme an rein weiblichen Kursen stark zu unterstützen.

Outward Bound steht mit seinem Verständnis der Beziehung zwischen seiner Form des Lernens und dem Kampf der Frauen um Gleichberechtigung noch am Anfang. Da Outward Bound für Freiheit und Selbstachtung steht, ist es eigentlich selbstverständlich, daß Outward Bound in vorderster Front eines Teils der feministischen Bewegung stehen müßte. Das soll nicht heißen, daß Outward Bound feministische Techniken in seinen Lehrplan aufnehmen müßte; im bestehenden Lernprozeß gibt es sicherlich genügend Raum, um auf die Bedürfnisse von Frauen in vielfacher Weise zu reagieren. Aber für die Kursleiter bei Outward Bound ist es an der Zeit, sich ernsthaft zu fragen, ob der mögliche Gewinn aus ihren Kursen Männern und Frauen gleichermaßen zur Verfügung steht.

Die Himmelfahrt

Der Archetyp repräsentiert die normale Realität als Erde. Die transzendente Realität hat ihr archetypisches Äquivalent im Himmel. Alle Antworten auf existentielle Fragen setzen die offene oder verdeckte Anwesenheit dieser beiden Archetypen voraus; die Art und Weise, wie sie miteinander in Beziehung stehen, ist jedoch unendlich variabel.

Der Weise des Ostens erkennt den Himmel (das Nirwana) und legt nahe, daß es die Pflicht des Menschen sei, die Erde zu verlassen (spirituelle Übungen durchzuführen), um im Himmel aufzugehen (Gotteswahrnehmung). Ein geistlicher Lehrer des Westens spricht davon, den Himmel auf die Erde zu bringen (wiederum durch spirituelle Praktiken), und zwar als Wiederkehr des Erlösers und als Neues Jerusalem. Auch der Zen-Meister bringt den Himmel auf die Erde. Seine Transformation der Welt entsteht jedoch durch eine Veränderung der Haltung ihr gegenüber, nicht durch die Vermittlung göttlicher oder himmlischer Energien.

In vielen Traditionen gibt es die Beschreibung eines Weltberges, der seinen Fuß im Mittelpunkt der Erde und seinen Gipfel im Himmel hätte. Der Berg ist das Bindeglied zwischen den beiden Gegensätzen; er ist eine Brücke, der es den göttlichen Energien erlaubt, auf die Erde zu strömen und eine Leiter, die jene Suchenden benutzen können, die die archetypischen Himmelfahrt durchführen. Die östliche Weisheit beschreibt diese Auffahrt als Reise ohne Wiederkehr - wer den spirituellen Berg erklommen hat, wird niemals mehr wiedergeboren; ist am Ende befreit. Tatsächlich verlangt der Buddhismus - die Religion des Mitgefühls - ihren Anhängern einen Schwur ab, nicht eher zum Himmel aufzufahren, als bis sie jedes Geschöpf mitnehmen könnten.

Bestimmte westliche Traditionen - besonders relativ moderne wie der Hasidismus und das humanistische Christentum - haben die Himmelfahrt auf andere Weise interpretiert. In diesen Traditionen kommt der Wanderer nie wirklich im Himmel an. Er verbringt seinen Lebensweg in einem unentschiedenen Zwischenreich zwischen Himmel und Erde. Aber in dieser besonderen Unentschiedenheit vereinigt er die augenscheinlichen Gegensätze und erfährt die Einheit in der Verschiedenheit - Himmel und Erde begegnen sich in der Mitte, die sein eigenes Selbst ist. Diese Tradition spricht von einem Zustand des Werdens, der nie gegenwärtig wird, von einem Wachsen, das nie zur vollen Reife gelangt und von einem Suchen, das sein Ziel in sich selbst findet.

Das Motiv von Outward Bound, ein Schiff, das seine Anker auf dem Weg zu unbekannten Abenteuern lichtet, ist eine Form der westlichen Himmelfahrt. Das Schiff verläßt das Bekannte, die Erde, und macht sich auf den Weg zum Unbekannten, dem Himmel. Der Geist der Schule ist ein beweglicher Geist - das Schiff wird nie beim Ankommen gesehen, eher auf einer unablässigen Reise begriffen und ganz darauf vorbereitet, alle Abenteuer, die auftauchen, in den Griff zu bekommen und zu genießen. Diese Bedeutung von Outward Bound als eine Himmelfahrt wird in den folgenden Ausschnitten aus Tennysons Ulysses besonders gut widergespiegelt.

...ich kann mit meiner Reise nicht einhalten; ich werde
Das Leben bis auf den Bodensatz ausschlürfen: zu allen Zeiten habe ich
Sehr genossen und habe sehr gelitten, sowohl mit denen,
Die mich liebten, als allein; am Ufer und wenn die regnerischen Hyaden mit jagenden Schauern
Die trübe See quälten: ich habe mir einen Namen gemacht;
Bin immer mit hungrigem Herzen umhergewandert,
Hab viel gesehen und gelernt; Städte voller Menschen,
Voller Sitten und Wetter und Räten und Regierungen,
Und ich selbst nicht der Geringste, aber von ihnen allen geachtet;
Und trank die Wonne des Kampfes mit meinen Gefährten,
Weit draußen auf den widerhallenden Ebenen des windigen Troja.

Ich bin ein Teil all dessen, was ich traf;
Selbst jede Erfahrung ist ein Bogen, durch den
Die unbereiste Welt aufscheint, deren Rand verblaßt
Für immer und immer, wenn ich mich beweg.

Wie stumpf ist es zu ruhn, ein Ende zu setzen,
Unpoliert zu rosten, anstatt vor Taten zu glänzen!
Als ob zu atmen Leben wäre! Leben auf Leben gehäuft,
Das wäre gar zu wenig, und von dem einen
bleibt mir nicht viel; aber jede Stunde, die
Aus dieser unendlichen Stille gerettet wird, ist etwas darüber hinaus,
eine Überbringerin neuer Kunde; und niederträchtig wäre es
mich für ein paar Sommer aufzusparen und zu horten,

Und diesem grauen Geist, sich nach Verlangen sehnend,
das Wissen nachzusenden wie einem sinkenden Stern,
hinter die äußersten Grenzen des menschlichen Gedankens...
Kommt, Freunde,
's ist nicht zu spät, eine neuere Welt zu suchen.

Legt ab, setzt Euch in Ruderordnung und schlagt
klingende Furchen in die Wellen, denn meine Bestimmung ist's
Auf die andere Seite des Sonnenuntergangs zu segeln und der Bäder
Aller westlichen Sterne, solange, bis ich sterbe.
Mag sein, daß uns die Strudel mit hinabziehen:
Mag sein, daß wir die Glückseligen Inseln berühren,
Und den großen Achill sehen, den wir kannten.
Wenn vieles auch genommen ist, bleibt doch vieles treu; und wenn auch
Wir nicht mehr von gleicher Stärke sind, die in alter Zeit
Himmel und Erde bewegte, das, was wir sind, sind wir; -
Ein gleichgestimmtes Wesen heroischer Herzen,
Geschwächt von Zeit und Schicksal, doch stark im Willen
zu ringen, zu suchen, zu finden und nicht nachzugeben [2].

Die konkrete Versinnblildlichung der Himmelfahrt ist selbstverständlich die Gipfelbesteigung. Alle Archetypen des Kurses treffen sich in dieser einen Aktivität. Der Berg ist der Inbegriff des Heiligen Ortes Wildnis. Das Klettern ist die Arena für die Demonstration der Stärke des Helden, der Fürsorglichkeit der Mutter, der gegenseitigen Abhängigkeit der Gemeinschaft, der Vision des Einsiedlers und der Weisheit des Führers. Um die Hänge sicher zu erklimmen, müssen die Lektionen von Schicksal und Gerechtigkeit gelernt werden, und nur ein gereifter Erwachsener kann zum Gipfel gelangen.

Weil die Gipfelbesteigung das Beherrschen aller begleitenden Archetypen symbolisiert, muß man die Qualität, mit der die Teilnehmer diese Aktivität durchführen, sehr ernst nehmen. Im Wesentlichen betrachte ich die Besteigung eines Gipfels als Privileg, nicht als Recht. Der einzelne Teilnehmer wie die Gruppe muß die Bereitschaft zum Ausdruck bringen, bevor der Aufstieg beginnt.

. . . .
2 Alfred Lord Tennyson, Ulysses

Das soll nicht heißen, daß nur „perfekte" Gruppen auf Gipfel steigen dürften; offenkundig hat jede Gruppe ihre Schwierigkeiten, und die Gipfelbesteigung ist ein hervorragender Ort, um diese aufzuarbeiten. Aber oft ist es klug, eine Bergbesteigung mit einer Gruppe, in der Unruhe herrscht, aufzuschieben. Das trägt zum Teil Sicherheitsüberlegungen Rechnung; eine Gruppe mit starken Mißstimmungen wird schlicht nicht in der Lage sein, so effizient zu arbeiten, wie es manche Notsituation verlangt. Aber der Kursleiter muß auch die übergreifende Wirkung ins Kalkül ziehen. Wie oben angesprochen wurde, ist die Gipfelbesteigung der archetypische Höhepunkt des Kurses. Sie verlangt ein Maß an geistiger Bereitschaft, die einen gewissen Grad an ethischer und spiritueller Vollkommenheit voraussetzt. Das Timing ist hier von entscheidender Bedeutung. Wenn man einen Berg im Stand der Unreife besteigt, dann ist das nicht anders, als wenn man ohne ausreichedes Vorspiel Liebe macht: etwas das wundervoll sein sollte, ist auf enttäuschende Weise mittelmäßig.

Zusammenfassend kann man sagen, daß sich alle Archetypen in der Himmelfahrt treffen. Die Himmelfahrt verkörpert auch das Motiv und die herrschende Philosophie der Outward Bound Schulen. Kursleiter müssen an die konkrete Manifestation des Archetyps - an die Gipfelbesteigung - sowohl mit Feingefühl, als auch mit Respekt herangehen. Die Teilnehmer sollten die Erlaubnis, an einer solchen Aktivität teilzunehmen, nur erhalten, wenn sie die entsprechenden Voraussetzungen demonstrieren können; andernfalls kann ein potentiell machtvolles Kurselement zur Trivialität herabgewürdigt werden.

Schadens–
begrenzung

5

Die Last der Schuld

Eines Tages kamen Mullah Nasreddin und seine Frau heim und fanden das Haus ausgeraubt. Alles irgend Tragbare war mitgenommen worden.

„Das ist alles Deine Schuld," sagte seine Frau, „denn Du hättest nachschauen müssen, ob alles zugeschlossen war, bevor wir gegangen sind."

Die Nachbarn stimmten in das Geleier ein:

„Du hattest die Fenster nicht geschlossen", sagte einer.

„Warum hast Du nicht mit sowas gerechnet?", fragte ein anderer.

„Die Schlösser waren schadhaft, und Du hast sie nicht ausgewechselt," sagte ein dritter.

„Einen Moment, bitte," sagte Nasreddin, „- ich bin ganz gewiß nicht der einzige, dem man einen Vorwurf machen muß!"

„Und wem sollten wir dann einen Vorwurf machen," riefen sie.

„Wie wäre es mit den Dieben?" sagte der Mullah.

Komisch, daß Du fragst...

Nasreddin kletterte bei jemanden in den Gemüsegarten und begann damit, eine Tasche mit allem zu füllen, was er bloß greifen konnte.

Ein Gärtner beobachtete ihn und kam angelaufen.

„Was machst Du da?"

„Ich wurde von einem mächtigen Wind hierher geweht."

„Und wer hat das Gemüse ausgerissen?"

„Ich hab mich daran festgehalten, damit ich nicht weiter fortgerissen würde."

„Und wie kommt es, daß in dieser Tasche da Gemüse drin ist?"

„Das habe ich mich gerade auch gefragt, als Du mich unterbrochen hast."

Schadensbegrenzung impliziert, daß es einen Schaden gibt - daß etwas schief gelaufen ist. Und wann immer etwas schief geht, gibt es dafür eine Ursache; jemand oder etwas ist verantwortlich. Bevor wir uns über Techniken der Schadensbegrenzung unterhalten, ist es notwendig, einige grundlegende Vermutungen zu untersuchen, wer potentiell für Erfolg und Mißerfolg bei Outward Bound verantwortlich ist.

Während bestimmte Umweltbedingungen, wie das Wetter, manchmal für den guten oder schlechten Ausgang eines Kurses zuständig erklärt werden können, sind die Mitarbeiter und die Teilnehmer die beiden Faktoren, die im allgemeinen für die einflußreichsten gehalten werden. Die meisten feinsinnigen Denker stimmen darin überein, daß es eine gemeinsame Verantwortlichkeit von Mitarbeitern und Teilnehmern für das Kursresultat gibt. Leistungsfähigere Kursleiter können Teilnehmern helfen, ihre Grenzen weiter nach vorn zu verschieben, aber die angeborenen Haltungen und Persönlichkeiten der Teilnehmer werden tendenziell die Parameter der möglichen Veränderungen festlegen.

Während dies freilich eine vernünftige Haltung ist, erlegt es der Arbeit mit schwierigen Teilnehmern einige pragmatische Restriktionen auf. Wenn die Teilnehmer wirklich die Parameter der Veränderung in der Hand haben, dann wird es im Kurs einen bestimmten Punkt geben, an dem der Teilnehmer, ganz gleich, was der Kursleiter oder die Gruppe tut, nicht weiter vorankommen wird. An diesem Punkt könnte der Kursleiter den Teilnehmer ebensogut aufgeben. Weil das eine so abstoßende Vorstellung ist, argumentieren einige Kursleiter, daß es immer etwas gebe, was man tun könne; es gebe immer Hoffnung, daß etwas Neues und Anderes dem Teilnehmer gestattet wird, sich von der Position, in der er feststeckt, zu lösen. Das Problem bei dieser Einstellung ist, daß sie dem Teilnehmer jede Macht nimmt. Wenn es immer der Kursleiter ist, der etwas tun kann, um den Teilnehmer zu ändern, dann hat der Teilnehmer im Grunde keinen freien Willen; setzt man einen genügend kreativen Kursleiter mit genug Zeit und Energie voraus, dann wird sich der Teilnehmer immer verändern.

Es ist deutlich, daß die Diskussion dieses Punktes in ein Paradox mündet: nimmt man die Position ein, die die Macht des Teilnehmers ins Zentrum stellt, dann kann das Kursleiter dazu bringen, daß sie problematische Teilnehmer abschreiben und nimmt man die andere Position ein, die die Macht des Kursleiters ins Zentrum stellt, dann beraubt man die Teilnehmer ihres freien Willens. In der Praxis untersuchen die Kursleiter freilich kaum alle theoretischen Implikationen dieser Fragestellung. Sie nehmen eher einen pragmatischen Standpunkt ein; manchmal werden sie bei den besonders schwierigen Teilnehmern aufgeben und manchmal werden sie weiterhin versuchen, einen

Teilnehmer zu ändern, obwohl er klar signalisiert hat, daß eine Veränderung unwahrscheinlich ist.

Während es unmöglich ist, eine der beiden Positionen philosophisch zu legitimieren, ist es klar, daß bei einem pragmatischen Zugang zur Schadensbegrenzung die Position, die den Einfluß des Kursleiters betont, weitaus nützlicher ist. Der erste Schritt bei der Schadensbegrenzung besteht darin, daß man einen Teilnehmer oder eine Gruppe nicht aufgibt, nur weil ein Fehler passiert ist. Wenn der Kursleiter die volle Verantwortung für den Fehler übernimmt, dann kann die Frage nicht sein, ob man aufhört, an einem bestimmten Problem zu arbeiten. Offensichtlich kann eine solche Strategie dazu führen, daß der Kursleiter die Erfahrung persönlichen Scheiterns und von Schuld macht; andererseits ist dies auch eine unterschwellige Bestätigung, daß die letzte Macht, den Kurs zu steuern, in den Händen des Kursleiters verbleibt. In mancher Hinsicht ist diese Position sowohl unrealistisch als auch egoistisch, aber in pragmatischer Hinsicht ist es eher ein nützlicher Weg, um problemlösendes Verhalten zu unterstützen.

Im wirklichen Leben muß diese Haltunng selbstverständlich praktikabel vermittelt werden; es versteht sich, daß alle diese Teilnehmer keine perfekten Kurse besuchen können, egal, wie effektiv ihr Kursleiter arbeitet. Es ist trotzdem wichtig, daß die Kursleiter jede Haltung annehmen, die sie dazu bringt, für den Kurs das Beste aus sich herauszuholen. Die Versuchung, die schwierigen Teilnehmer aufzugeben, ist einfach zu verlockend; jeder Versuch, dem einfachen Ausweg des „sie sind hoffnungslos" zu widerstehen, kann nur produktiv sein.

Schadensbegrenzung bei falschen Metaphern

Es gibt drei grundlegende Prinzipien für erfolgreiche Metaphern - unter Mitwirkung der Archetypen arbeiten, isomorphe Metaphern bilden und Erfolgserlebnisse herbeiführen - und so folgt daraus, daß es, wenn die Gruppe nicht gut auf den Kurs reagiert, in einem dieser drei Bereiche ein Problem geben muß. Ein Kursleiter kann feststellen, welcher dieser drei Faktoren für die Kursprobleme verantwortlich ist, indem er sich die Symptome anschaut, die Mißlingen in einem bestimmten Bereich am ehesten anzeigen.

Eines der Probleme, die man am leichtesten entdeckt, ist das Scheitern einer Metapher aufgrund von mangelnder Isomorphie. Ein Mangel an affektiver Intensität ist das deutliche Zeichen dafür, daß eine Metapher nicht ausreichend isomorph ist. Die Kursaktivtäten bei Outward Bound sollen sowohl aufregend als auch herausfordernd sein. Sie tendieren dazu, dramatische Reaktionen hervorzurufen; man kann erwarten, daß die Teilnehmer außerordentlich aufgeregt, oder außerordentlich ängstlich oder sogar außerordentlich friedfertig oder müde sind. Man weiß sofort, daß etwas nicht stimmt, wenn die Teilnehmer einfach indifferent oder gelangweilt sind.

Langeweile und Indifferenz entstehen, wenn es keine Herausforderung gibt. In einem Kurs ist eine Aktivität dann nicht länger eine Herausforderung, wenn sie schon gemeistert wurde, oder wenn das Meistern der Aktivität ohne Folgen bleibt. Wenn sie schon gemeistert wurde, dann hat die Demonstration, daß man sie nochmals zustande bringt, wenig Auswirkung auf das Leben der Teilnehmer im oder außerhalb des Kurses. Ebenso legt eine Atmosphäre der Folgenlosigkeit nahe, daß die Aktivität für das Leben des Teilnehmers irrelevant und mit ihm nicht isomorph ist. In jedem Fall ist die Ausführung der Metapher nicht dazu angetan, zu sinnvollen Ergebnissen zu führen.

Diese Stimmung der Langeweile muß vom Widerstand unterschieden werden, den faule, unkooperative oder mit geringem Selbstwertgefühl ausgestattete Teilnehmer an den Tag legen. Diese Teilnehmer mögen vordergründig behaupten, daß bestimmte Aktivitäten (z.B. Wandern oder Klettern) langweilig oder uninteressant seien, aber man kann bei ihren Mitteilungen eine signifikante Gefühlsbeteiligung feststellen. Ihr vorgetäuschtes Desinteresse ist schlicht ein Versuch, sich vor einer gefürchteten Aktivität zu drücken. Dies ist tatsächlich ein Zeichen dafür, daß diese Metaphern in hohem Maße isomorph sind, und die

Betreffenden sollten zur Teilnahme ermuntert werden. In diesen Fällen wird es der Kursleiter jedoch notwendig finden, besonders starke Unterstützung anzubieten, die den Teilnehmern dabei hilft, die Aktivität erfolgreich zu absolvieren.

Man könnte dafürhalten, daß ein Teilnehmer, der verzweifelt versucht, den Kurs zu verlassen, mit einem Grad an metaphorischer Isomorphie konfrontiert wurde, der nur mit der Erfahrung jener Individuen vergleichbar ist, die von den Erlebnissen bei Outward Bound völlig in Anspruch genommen werden. Diejenigen, die ausbrechen wollen, sind genau die, deren Leben vom Kurs am besten dargestellt wird! Die Teilnehmer, die es sich leisten können, den Kurs ohne großen Verlust abzubrechen, sind diejenigen, die wenig Druck oder Intensität verspüren.

Sie schlittern einfach so durch die Aktivitäten, ohne je die Höhen der Aufregung und der Herausforderung oder die Tiefen der Niedergeschlagenheit und Angst zu erleben.

Es ist überraschend, wie oft diese indifferenten Teilnehmer die nach außen hin erfolgreichsten Mitglieder der Gruppe sind. Sie sind in fast allem, was sie machen, gut: im Klettern, im Führen, im Herstellen von Beziehungen und im Wandern. Kursleiter neigen dazu, die wahren Bedürfnisse solcher Teilnehmer zu ignorieren und sich statt dessen auf die wenig Befähigten zu konzentrieren. Ironischerweise führt dies dazu, daß einige der qualifiziertesten und kompetentesten Leute die Gelegenheit versäumen, eine bedeutsame Erfahrung bei Outward Bound zu machen.

Ich hatte einen Teilnehmer in einem Kurs, der dieses Problem personifizierte. Er war älter und fitter als die meisten, konnte fast alles gut, wurde von allen gemocht und wurde im Verlauf des Kurses zunehmend gelangweilter. Als Teil eines Einzelgesprächs während des Solos versuchte ich, seine Wahrnehmung seines Verhaltens während des Kurses umzudeuten. Ich stieg ein, indem ich für sein Gefühl der Langeweile und der Selbstzufriedenheit Verständnis signalisierte. Dann begann ich schrittweise, ihn einer unterschwelligen Arroganz und des Versuchs anzuklagen, die anderen Teilnehmer zu bevormunden. Diese Anklage war für ihn besonders schmerzhaft, weil er stolz darauf war, ein Humanist zu sein, der gleiche Rechte für alle hochhielt. Ich setzte das Gespräch fort, indem ich ihm klarmachte, daß er, wäre seine Achtung für die anderen Teilnehmer echt, seinen Respekt dadurch zum Ausdruck bringen müßte, daß er bei ihnen voraussetzen würde, sie machten ihre Sache gut. Ich bat ihn, seinen Neigungen, andere zu retten, nicht nachzugeben. Schließlich sagte ich ihm, daß er meiner Meinung nach seinen Ärger über die anderen, wenn sie ihn enttäuschten, zum Ausdruck bringen und von seinem losgelösten Standpunkt des „ich kann alles dreiundzwanzig Tage lang ertragen" abrücken sollte.

Diese besondere Umdeutung veränderte bei diesem übererfolgreichen Teilnehmer die Wahrnehmung seiner Beziehung zu den anderen Gruppenmitgliedern und bot ihm eine Herausforderung, die ihm wirklich abverlangte, an seinen Grenzbereichen zu arbeiten. Die Metapher war für ihn deshalb besonders isomorph, weil er ein besonders kluger, auf einer Privatschule erzogener ältester Sohn war, von dem unvermeidlich gefordert würde, sich mit der Dichotomie zwischen seinen egalitären Überzeugungen und der Tatsache auseinanderzusetzen, daß er tatsächlich größere Fähigkeiten als die meisten in seiner Umgebung hatte. Ein Mangel an Isomorphie und der daraus resultierende Mangel an affektiver Intensität ist nicht nur ein individuelles Problem; es kann für ganze Gruppen auftreten. Es taucht regelmäßig dann auf, wenn von einer Gruppe verlangt wird, eine Aufgabe nochmals zu absolvieren, die sie bereits erfolgreich abgeschlossen hatte. Das geschieht manchmal zufällig bei schlechtem Wetter. Es ist recht nützlich, gelegentlich erbärmliches Wetter während eines Kurses zu haben - es bringt im Normalfall recht großen Gewinn, wenn man sich im Zusammenhang mit der unkontrollierbaren Feindseligkeit eines Sturms in Geduld üben muß - aber ununterbrochener, endloser Regen und Schneefall neigen dazu, einen gesamten Kurs auf eine einzige Herausforderung zu reduzieren. Ungeachtet dessen, wie nutzbringend diese Herausforderung ist, verliert alles, was zu viel ist, seine Wirkung. Ein ähnliches Problem kann aufgrund von schlechter Routenplanung auftreten. Kursleiter sind manchmal allzu begeistert davon, Kilometer zu fressen oder Gipfel zu sammeln. Die Teilnehmer sind darin erfolgreich, auf die Berge zu steigen oder die Strecke zu absolvieren, aber sie tun dies ohne großen Nutzen. Metaphern haben typischerweise ihre größte Wirkung, wenn ihnen die Qualität der Frische anhaftet. Wenn die gleiche Metapher jedoch auf ähnliche Weise wiederholt wird, dann fangen die Teilnehmer an, auf die Metapher selbst stereotyp zu reagieren. Die Erfolgreichen werden ihre Erfolge wiederholen und die Erfolglosen ihre Mißerfolge und die ganze Gruppe wird sich mühselig und geplagt durch die Aktivität schleppen. Wenn die gleichen Aktivitäten wiederholt werden, müssen sie entscheidend variiert werden - vielleicht in dem man die eine oder andere Technik der Einkleidung verwendet - so daß sie Metaphern für unterschiedliche Anteile im Leben der Teilnehmer werden.

Eines der gravierendsten Probleme mangelnder Isomorphie tritt auf, wenn die Gruppe aus einer bestimmten gesellschaftlichen Gruppierung stammt. Als Outward Bound zuallererst damit begann, Gemeinschaftskurse abzuhalten, boten die Kursleiter eine standardisierte Kurserfahrung für nichtstandardisierte Leute an. Das vorhersehbare Ergebnis war, daß der Kurs sehr unterschiedliche Rückmeldungen erhielt. Aufgrund der universellen Anwendbarkeit vieler Kursarchetypen, erlebten einige dieser Teilnehmer dennoch ein hohes Maß an affektiver Intensität. Andere wiederum hatten eine ziemlich beschränkte und stumpfsinnige Erfahrung bei Outward Bound gemacht. In einem Versuch, auf dieses Feedback zu reagieren, strukturierte Outward Bound einige Kurse um, in der Absicht, eine größere Isomorphie mit den Bedürfnissen bestimmter Zielgruppen zu erreichen. Diese Art der Umstrukturierung ist genau das, was erforderlich sein kann, wenn ein Kursleiter mit einer Gruppe voller besonderer Leute konfrontiert ist. Sogar bei einem Standardkurs können die Gesetze des Zufalls eine Gruppe zusammenbringen, die einer bestimmten gesellschaftlichen Gruppierung entspricht. Während diese Teilnehmer die Aktivitäten des Standardkurses hochgradig isomorph empfinden können, wird ein sorgsamer Kursleiter viel umsichtigere Einschätzungsverfahren durchführen und darauf vorbereitet sein, den Kurs auf ziemlich radikale Weise anpassen zu müssen. Selbstverständlich muß man besonderes Augenmerk auf die Einschätzung und curriculare Flexibilität legen, wenn man mit Kursen arbeitet, die offenkundig aus besonderen Gruppierungen zusammengesetzt sind (z.B. Kurse für psychisch Erkrankte oder Studentenkurse).

Der zweite Grund für das Scheitern von Metaphern liegt darin, daß man die Archetypen zu wenig berücksichtigt. Im allgemeinen wünschen Kursleiter, daß ihre Teilnehmer eine bestimmte Geisteshaltung im Zusammenhang mit einer bestimmten Kursaktivität einnehmen. Es ist zum Beispiel wünschenswert, daß die Teilnehmer während des Solos introspektiv und spirituell sind, entschlossen und stoisch während des Marathons, kooperativ und sozial beim Kochen. Wenn diese erwarteten und erwünschten Haltungen bei einer bestimmten Aktivität nicht einsetzen - besonders wenn sie durch etwas ersetzt werden, das unangemessen ist - dann ist das ein sicheres Zeichen dafür, daß sich die Kursleiter nicht angemessen an den Archetypen orientiert haben.

Teilnehmer sind potentiell vor jeder Kursherausforderung aufgeregt. Diese Aufregung wurzelt in ihrer Reaktion auf das archetypische Substrat in jeder Aktivität. Ein Teilnehmer, der eine echte Begegnung mit dieser archetypischen Dimension gemacht hat, wird fast immer eines der anerkannten Gefühle gegenüber einer Aktivität an den Tag legen. Beim Felsklettern werden zum Beispiel die Teilnehmer, die sich richtig mit dem Archetypen des Helden auseinandergesetzt haben, tendenziell ein begrenztes Muster von Haltungen gegenüber dem Klettern produzieren. Sie können ernst, entschlossen, abenteuerlich oder konzentriert sein. Angst, Furcht und Widerstand sind ebenso angemessene Reaktionen auf den Archetyp. Auch Humor ist angemessen, aber er wird eine Qualität haben, die die Angst vermindert, ohne dabei den Teilnehmer von der Ernsthaftigkeit des Kletterns abzulenken.

Ablenkbarkeit ist nicht angemessen; ebensowenig sind es Rücksichtslosigkeit und herausforderndes Verhalten. Wenn nur ein oder zwei Teilnehmer solch unangemessene Gefühle vorführen, dann kann der Kursleiter dies als Problem der Individuen einschätzen. Wenn aber ein signifikanter Prozentsatz der Gruppe unangemessen reagiert, dann wurden sie nicht in angemessener Form mit dem Archetyp konfrontiert. Manchmal kann man mit einem kurzen Gespräch oder einigen Anekdoten dieses Problem schnell aus der Welt schaffen. In anderen Fällen kann es tatsächlich notwendig sein, die Aktivität abzubrechen, bis die Teilnehmer den Archetyp vollständiger erfaßt haben. Dies gilt insbesondere im Fall von Aktivitäten im Risikobereich. Ich habe Gipfelbesteigungen abgebrochen, weil die Gruppe so unangemessene Haltungen an den Tag legte - Langsamkeit beim Aufstehen und Unfähigkeit zur Zusammenarbeit -, daß ich das Gefühl hatte, die Route sei für sie sowohl unangemessen als auch unsicher.

Der letzte Grund, warum Metaphern scheitern, besteht darin, daß man nicht in der Lage ist, Erfolgserlebnisse herbeizuführen. Auf dieses Feld haben sich die Kursleiter bei Outward Bound so sehr konzentriert, daß man den bestehenden Einschätzungen kaum etwas hinzufügen muß. Es ist offenkundig, daß nichts so erfolgreich ist, wie der Erfolg und daß eine der Grundlagen jedes Kurses darin besteht, den Teilnehmern eine gewisse Anzahl von Erlebnissen zu vermitteln, in denen sie das Gelingen genießen können.

Das Zeichen für mangelnden Erfolg ist natürlich eine Stimmung der Niedergeschlagenheit und Verzweiflung. Mangel an Erfolg bedeutet fast immer, daß es die Kursleiter versäumt haben, ihre grundlegenden Verantwortlichkeiten zu erfüllen. Erfolgserlebnisse sind immer möglich, wenn man den Teilnehmern angemessene Herausforderungen bietet und ihnen die Werkzeuge an die Hand gibt, die sie brauchen, um sie zu meistern. Die Kursleiter sind für die Wahl der Problemstellung, das Vermitteln der notwendigen Fertigkeiten und Strategien, für das Mindern der Ängstlichkeiten und Ängste, die den Fähigkeiten der Teilnehmer in die Quere kommen und für die Umdeutung der Mißerfolge verantwortlich, so daß die Vergangenheit künftige Erfolge nicht verhindert. Das chronische Scheitern von Gruppen zeigt an, daß es dem Kursleiter nicht gelungen ist, eine oder mehrere dieser Anforderungen zu erfüllen.

Schwierige Teilnehmer

Während viele der Schwierigkeiten, die man in einem Kurs antrifft, auf Schwierigkeiten in der korrekten Anwendung des metaphorischen Modells zurückzuführen sind, gibt es einige Situationen, in denen eine negative Erfahrung das Ergebnis der schlechten Angepaßtheit eines Teilnehmers an seine Umwelt ist. Manche Teilnehmer scheitern durchweg damit, die meisten der Lernerfahrungen, die ihnen bei einem Outward Bound Kurs angeboten werden, für sich nutzbar zu machen. Im typischen Fall sind dies Teilnehmer, deren Lebensstrategien so verarmt sind, daß sie chronische Verlierer sind - die Drückeberger, die Mürrischen, die Dauerargumentierer und die, denen es massiv an Vertrauen mangelt. Wenn man auf diese Art Teilnehmer trifft, dann ist es wünschenswert, eine Anzahl besonderer Strategien im Gepäck zu haben, mit denen man auf ihre Bedürfnisse wirkungsvoller eingehen kann. Die meisten Schwierigkeiten dieser Teilnehmer treten auf, weil sie nicht fähig sind, erfolgreiche Lösungen auf die Anforderungen des Kurses zu erzielen. Im Gegensatz zu den Bemühungen des Kursleiters und ihrer eigenen Kursgenossen, fahren sie damit fort, ihre alten Muster des chronischen Verlierers in den metaphorischen Aktivitäten zu reproduzieren. Und natürlich ist ohne Erfolgserlebnisse auch keine wirkliche Veränderung möglich.

Beinahe alle herausragenden Techniken, um diesen problematischen Teilnehmern zu helfen, kommen aus dem Bereich der Psychotherapie. Aber die Kursleiter bei Outward Bound sind keine Psychotherapeuten, und weder die problematischen Teilnehmer noch die anderen haben einen Outward Bound Kurs belegt, um sich in psychotherapeutische Beratung zu begeben. Dies legt nahe, daß jeder Einsatz psychotherapeutischer Techniken in einem Kurs so eingeschränkt wie möglich geschehen sollte. Natürlich sollte man sie benutzen, wenn sie wirklich das einzige Mittel sind, um die Lernerfahrung bei Outward Bound einem problematischen Teilnehmer verfügbar zu machen. Aber selbst in diesem Fall, sollten sie kurz und knapp eingesetzt werden. Das Ziel besteht nicht darin, die Persönlichkeit des Teilnehmers durch Einzelgespräche und Gruppentherapie radikal zu ändern, sondern eher eine kurze, eingeschränkte Intervention anzubieten, die dem Teilnehmer die Möglichkeit gibt, einen Zugang zum Kurs zu finden. Die Metaphern und die allgemeine Erfahrung bei Outward Bound werden dann in der Lage sein, eine elegante und angemessene Veränderung der Persönlichkeit zu erzielen.

Während diese Beschränkungen im Einsatz psychotherapeutischer Mittel wichtig sind, soll das nicht heißen, daß diese Techniken von geringem Nutzen seien. In vielen Fällen kann nur der geübte Einsatz solcher Paradigmen die Lernerfahrung eines Einzelnen oder einer ganzen Gruppe bei Outward Bound retten. Es gibt kaum Zweifel, daß ein voll ausgebildeter Kursleiter ein gewisses Maß an Kenntnissen psychotherapeutischer Verfahren braucht. Eine Erörterung dieser Verfahren geht jedoch über den Rahmen diese Buches hinaus.

Dies alles im Zusammenhang

6

Gut, daß ich gerade vorbeikam

Als Nasreddin an einem Brunnen vorbeiging, verspürte er
plötzlich den Drang, in ihn hinabzusehen. Es war Nacht,
und als er in das tiefe Wasser starrte, sah er dort unten
den Widerschein des Mondes.

„Ich muß den Mond retten!", dachte der Mullah. „Sonst nimmt
er niemals ab und der Fastenmonat Ramadan wird nie ein Ende
haben."

Er fand ein Seil, warf es hinein und rief hinab: „Halt Dich fest;
bleib helle; die Rettung naht!"

Das Seil verfing sich an einem Felsen im Brunnen, und
Nasreddin zog so fest er konnte. Angespannt zurückgebeugt
fühlte er plötzlich, wie das Seil nachgab, als es sich löste und
er wurde auf den Rücken geschleudert. Als er da keuchend auf
dem Boden lag, sah er den Mond über sich am Himmel stehen.

„Freue mich, zu Diensten gestanden zu haben," sagte
Nasreddin. „Gut, daß ich gerade vorbeikam, was?"

Es gibt ein taoistisches Sprichwort, das lautet „weniger ist mehr". Auf den ersten Blick scheint dies dem gesunden Menschenverstand zuwiderzulaufen; die Botschaft, die dahintersteht, enthüllt sich aber, wenn man sich zwei Skifahrer vorstellt, die einem Hang hinabfahren. Der erste, ein Anfänger, fährt langsam und zaudernd mit vielen übertriebenen und unberechenbaren Körperbewegungen hinunter. Der zweite Skifahrer, der Könner, fährt geschmeidig und schnell mit kleinen und subtilen Veränderungen seiner Haltung. In diesem Fall ist weniger mit Sicherheit mehr.

Eines der deutlichsten Anzeichen für Könnerschaft liegt in der Fähigkeit, seine Handlungen so zu verfeinern, daß gewünschte Ergebnisse mit wenig augenscheinlicher Anstrengung erzielt werden. Zenschüler drücken das aus, indem sie sagen, daß die Einfachheit der Komplexität vorzuziehen sei. Ein ausgezeichnetes Beispiel dieser Haltung ist für den Westen das Programmieren eines Computers. Eines der Anzeichen für das Beherrschen des Programmierens ist die Fähigkeit, eine komplexe Reihe von Schritten zu vereinfachen, indem man die Anzahl der Befehle verringert.

Bis hierher war dieses Buch von einer großen, stattlichen, vielleicht verwirrenden Reihe von Methoden, Analysen und Techniken durchdrungen. Nach der Lektüre der ersten fünf Kapitel werde sich viele Kursleiter Sorgen machen, daß der Versuch, diese Anregungen umzusetzen, mit der Spontaneität und Natürlichkeit ihrer Kurse ins Gehege kommen könnte. Aber „weniger ist mehr" paßt ganz besonders zu dem Modell, das in diesem Buch dargestellt wurde. Eines der Hauptziele dieses Zugangs liegt darin, den Kursleiter zu befähigen, früh die Initiative zu ergreifen, so daß die Interventionen subtil ausfallen können. Natürlich beruht diese Fähigkeit, früh zu intervenieren und nach außen hin weniger zu machen, auf einem wachsenden inneren Prozeß - die Kursleiter müssen sensibler, bewußter und aufmerksamer sein. Gleichwohl wird sich dieses Anwachsen an innerer Aktivität paradoxerweise in einer Verminderung offener oder äußerlicher Interventionen ausdrücken. Ein umsichtiger Einsatz all dieser Techniken wird tatsächlich eine Lernerfahrung entstehen lassen, die nach außen hin einem Kurs des „Die Berge sprechen für sich"-Typs mit seinem Hände-weg-Dogma ähnelt.

Es gibt kaum einen Zweifel, daß Outward Bound das Potential hat, einen großen Einfluß auf die Persönlichkeitsentwicklung zu nehmen; aus diesem Grund ist es entscheidend, sich zu fragen, ob die Teilnehmer wirklich einen Vertrag geschlossen haben, der irgendwelche psychischen Veränderungen beinhaltet, bevor man sie allen Möglichkeiten aussetzt, die dem Lernprozeß bei Outward Bound innewohnen. Auf einer Ebene ist dies eine absurde Frage. Wenn sich die Teilnehmer bei einem Kurs angemeldet haben, nachdem sie die Outward Bound Broschüren gelesen haben, die ihnen „gesteigertes Selbstvertrauen und verbessertes interpersonelles Handlungsvermögen" versprechen, dann haben sie ganz klar ihre Zustimmung zu einem Umfeld gegeben, das Persönlichkeitsentwicklung begünstigt. Andererseits geben viele Teilnehmer an, daß sie einen Kurs als Ferienaktivität besuchen, oder weil sie mehr über das Leben im Freien lernen wollten, oder einfach weil sie sich einen Tapetenwechsel wünschten.

Diese Art Inkongruenz ist in der Psychotherapie relativ verbreitet. Die Patienten erkennen klar, daß das Ziel der Therapie darin besteht, bestimmte Veränderungen in ihrem Leben zu bewerkstelligen, aber sie legen regelmäßig eine Haltung an den Tag, der Behandlung zu widerstehen und diese zu behindern. Es ist, als ob ein Teil von ihnen sich die Gesundung wünscht, während ein anderer bestrebt ist, den ungesunden Status Quo aufrecht zu erhalten. Dieses zweigeteilte Bild scheint auch auf Outward Bound anwendbar zu sein. Ein Teil in den Kursteilnehmern hat deutlich die Vorstellung akzeptiert, daß Outward Bound ein Ort der Entwicklung und Veränderung sein wird, aber der andere Teil möchte schlicht Ferien in den Bergen machen.

Einer Reihe von Kursleitern ist diese doppelte Botschaft unangenehm. Sie behaupten, daß ihre Möglichkeit, mit den Teilnehmern zu arbeiten dadurch begrenzt werde, daß einige der Teilnehmer nicht in der Absicht, sich zu ändern, zu Outward Bound gekommen seien. Warum aber sollte man es zulassen, daß solche Teilnehmer die Möglichkeiten der anderen einschränken, die zu Outward Bound in der Hoffnung auf Persönlichkeitsentwicklung gekommen sind? Außerdem könnte man auf einer tieferen Ebene argumentieren, daß selbst die widerstrebenden Teilnehmer in Wahrheit etwas in ihrem Inneren verändern wollen. Wenn sie einen Kurs besuchen, nachdem sie die Outward Bound Broschüren gelesen haben, dann bedeutet ihre Anwesenheit an sich eine Art von impliziter Zustimmung zur Möglichkeit der Persönlichkeitsentwicklung. Die offenkundige Verwirrung über das Ziel des Kurses ist lediglich ein Ausdruck der Angst und des Zögerns, das man vor jeder großen und bedeutsamen Herausforderung verspürt.

Einer der Hauptgründe für die Entstehung von Outward Bound war die Überzeugung, daß es den Jugendlichen und jungen Erwachsenen an moralischer Charakterbildung mangele. Während dieser Aspekt manchmal heruntergespielt wird, ist er noch immer einer der entscheidenden Komponenten, die hinter den Aktivitäten bei Outward Bound stehen. Der Lernprozeß bei Outward Bound ist keine einfache, wertfreie Form der Bildung, wie der Mathematikunterricht. Solange die grundlegenden Voraussetzungen der Persönlichkeitsentwicklung nicht zur Gänze verstanden sind, wird die Handlungsfähigkeit der Kursleiter beschränkt sein.

Selbstverständlich müssen Persönlichkeitsveränderung oder -entwicklung sorgfältig definiert werden. Weder versucht Outward Bound, seine Teilnehmer zu indoktrinieren, noch, ihnen eine Therapie anzubieten. Aber jeder Teilnehmer ist gezwungen, die Werte von Outward Bound zu prüfen - und sogar sich ihnen anzupassen. Die Tatsache, daß eine der zentralen Wertaussagen der Institution lautet „Hör' auf Deine eigenen Überzeugungen", bedeutet nicht, daß der Lernprozeß bei Outward Bound wertfrei sei. Dieser Wert kann selbst eine massive Wirkung auf die Persönlichkeit der Teilnehmer entfalten, besonders dann, wenn sie unterschiedliche Haltungen in den Kurs mitgebracht haben. Neben der Ethik des „Sei Du selbst", werden solche Werte wie Risikobereitschaft, körperliche Fitness, Bewahrung der Natur und zwischenmenschliche Beziehungen vertreten. Die Tatsache, daß diese von vielen Teilnehmern bereits als nützlich anerkannt werden, sollte einem nicht die Augen vor der Tatsache verschließen, daß nicht alle sie akzeptieren. Die Kursleiter lehren diese Fähigkeiten sowohl offen als auch verdeckt, ob die Schüler das wollen oder nicht. Dies ist der moralische Kern bei Outward Bound. Nur ein Kursleiter, der sich dieser zugrundeliegenden Übereinkünfte voll bewußt ist, kann voll und mit ganzem Herzen im Umfeld von Outward Bound arbeiten; nur solche Kursleiter werden vollen Zugriff auf die Fülle der potentiellen Kraft eines Outward Bound Kurses haben.

Viele Kursleiter arbeiten sehr feinfühlig mit dem werthaltigen Aspekt von Outward Bound. Ein guter Kanute weiß, daß der einzige Weg, um eine schwierige Wildwasserstrecke zu befahren, darin besteht, das Wasser richtig zu lesen und sich dann auf die vorhandenen Strömungen einzulassen. Unnötig gegen den Fluß zu kämpfen, führt zu Beeinträchtigungen der Kraft und technischen Sauberkeit der Fahrt und kann in einem Desaster enden. Teilnehmer und Gruppen sind wie Flüsse. Sie haben schon starke Strömungen - starke Tendenzen, in bestimmte Richtungen zu laufen. Erfahrene Kursleiter arbeiten mit dem, was schon vorhanden ist und hüten sich, künstlich ihre eigenen Strategien durchzudrücken.

Outward Bound strebt Persönlichkeitsentwicklung dadurch an, daß das dem Teilnehmer innewohnende Potential vergrößert wird; Outward Bound versucht nicht, sie zu etwas zu machen, was sie nicht sind. Ein Apfelbaum sollte zum besten Apfelbaum gemacht werden, der nur möglich ist, aber nicht zu einer Tanne. Während sich das in der Theorie einfach anhört, gibt es in der Praxis oft große Schwierigkeiten zu entscheiden, ob ein Sämling nun ein Apfel oder eine Tanne ist, besonders, wenn er mit etwas Schmutz bedeckt ist. Ein Kursleiter kann viel Energie darauf verwenden müssen, wenn er am Anfang eines Kurses ein Gefühl für die natürliche Richtung einer bestimmten Gruppe bekommen will. Erst nach dieser Phase sorgfältiger Einschätzung wird der Kursleiter einsteigen und bestimmte Veränderungen anstreben.

In der Psychologie gibt es eine Behandlungsform, die sich Milieutherapie nennt, und in der die Patienten einer bestimmten Atmosphäre oder einem Milieu ausgesetzt werden. Auch wenn das Milieu eine Vielzahl von speziellen Techniken, wie die Familientherapie, die Drogentherapie oder eine Ökonomie der Belohnungen einsetzen kann, erwächst die hauptsächliche Behandlungswirkung doch der Atmosphäre als ganzer und nicht den Bestandteilen. Der Outward Bound Kurs wirkt in ähnlicher Weise. Es ist nicht das Klettern oder das Wandern an sich, sondern die Kombination all dieser Aktivitäten im Kursganzen. Garn ist an sich schon wertvoll; aber wenn es zu einem vollständigen Gobelin verwoben wurde, dann liegt der Wert des Tuches viel höher als der Wert der einzelnen Garnstücke.

Kursleiter müssen sich den Weg, wie sie die einzelnen Outward Bound Aktivitäten zum ganzen Wandteppich eines Kurses verweben, außerordentlich bewußt machen. Selbst wenn das Garn kostbar ist (wenn die einzelnen Aktivitäten erfolgreich verlaufen), wird der Teppich nur mittelmäßig sein, wenn er nicht kunstfertig gewoben wurde. Im Gegenzug kann ein Webkünstler selbst aus billigem Garn ein eindrucksvolles Webstück fertigen.

Dieser Webstil ist die wichtigste Determinante eines Kurses. Das ist nicht nur eine Technik oder eine Art besonderer Methode; eher als das ist es die fundamentale Orientierung, der ein ganzer Kurs unterliegt. Sie durchdringt jeden Moment, jede Aktivität und jede Interaktion. Dieser Stil ist nicht allein eine bewußte Schöpfung - wenngleich Ausbildung und Erfahrung eine entscheidende Wirkung haben; vielmehr ist er der Ausdruck der impliziten Weltsicht des Kursleiters.

Outward Bound als Institution verstanden versucht, seine Mitarbeiter so auszusuchen und auszubilden, daß sie ähnliche Webstile einsetzen. Den Webstil der Navajos kann man von anderen Stilformen durch die Art unterscheiden, wie dort die Farben, die Form und Textur gehandhabt werden, der Outward Bound Stil ist durch die besondere Aufmerksamkeit gekennzeichnet, die er bestimmten Komponenten schenkt. Die erste dieser Komponenten ist die grundlegende Haltung des Kursleiters zu seinen Teilnehmern. In der indischen Yogi-Tradition sagt man dem Guru eine besondere Beziehung zu seinen Schülern nach. Diese Beziehung gründet auf der Wahrnehmungsfähigkeit des Gurus, daß seine Schüler jetzt (und immer schon) erleuchtete Wesen sind. In diesem Kontext betreibt er seine Beziehungen zu ihnen. Indem er seine Schüler als gleichermaßen erleuchtet behandelt, schafft die Haltung des Gurus ein Umfeld, das den Schülern gestattet, ihre eigene Erleuchtung zu erleben. Der Guru verhält sich zu seinen Schülern nicht, als ob sie erleuchtet seien; statt dessen nimmt er sie in ihrer essentiellen Natur wahr und besteht darauf, auf dieser Ebene mit ihnen zu verkehren. Ein Schüler sagte einmal: „Er lebte mir meine Erleuchtung vor und so wurde ich erleuchtet."

Es ist bemerkenswert, daß der Guru weder einen Versuch unternahm, seinen Schülern ein besonders ausgearbeitetes Muster überzustülpen, noch versuchte, sie zu ändern; er verhielt sich einfach so zu ihnen, wie er sie wahrnahm. Wenn die Kursleiter all ihre Handlungen an dem Maßstab ausrichten, daß die essentielle Natur der Teilnehmer positiv und gesund ist, dann wird die Beziehung zwischen dem Kursleiter und den Teilnehmern selbst transformativ, sie wird zu einem erstrangigen Werkzeug der Veränderung. Der renommierte humanistische Psychologe Carl Rogers bezeichnete diese Art der Beziehung als „bedingungslos positive Haltung". Er bemerkte jedoch, daß diese grundsätzliche Akzeptanz der Seinsweise des Einzelnen in keiner Weise die Möglichkeiten einschränkt, negative Verhaltensweisen zurückzuweisen. Verachte das Problem, nicht die Person.

So wichtig sie auch sein mag, so ist die bedingungslos positive Haltung nicht der einzige entscheidende Faktor, der einen Outward Bound Kurs zusammenwebt. Wenn man über Outward Bound nachdenkt, kommt man immer wieder auf die Wildnis zurück. Outward Bound wurde auf der Grenzlinie zwischen der menschlichen Kultur und der Naturwelt geboren und hat seine Wohnung dort stets behalten. Es ist fast eine Ironie des Schicksals, daß es in seinen Anfängen als Programm konzipiert war, das die Wildnis als Feind auffaßte - das ursprüngliche Ziel war, jungen Seeleuten Überlebenstechniken zu vermitteln -, um schließlich zu einem Programm zu werden, das heute die Wildnis als seinen größten Verbündeten versteht.

Ebenso wie die Kirche eine Institution im Dialog mit Gott ist, lebt in Outward Bound eine Tradition im Dialog mit der Wildnis. Es ist der Dialog, der entscheidend ist - das Nebeneinander von menschlicher Organisation und ursprünglicher Natur. Keiner der beiden Faktoren ist für sich ausreichend. Berge ohne Menschen sind simple Anhäufungen von Fels, Schnee und Eis. Einsame Wüsten sind nichts als Stätten des Staubs, des Sandsteins und der Dornen. Es gibt keine angeborene Bedeutung, nur ein Durcheinander der Elemente. Im Gegenzug sind Gruppen von Leuten, die versuchen, sich zu bessern, allgegenwärtig; oft sind sie abgedroschen und gewöhnlich.

Aber wenn die Leute und die Wildnis zusammenkommen, dann erwächst daraus ein echtes Potential für eine grundlegende und zwingende Erfahrung. Die Menschen treten der Naturwelt mit Bewußtsein, Anerkennung und Verehrung gegenüber. Als Antwort darauf stellt sie Symbole zur Verfügung und sorgt für Herausforderungen, die den Menschen ihr größtmögliches Leistungspotential abverlangen. Erfahrungsorientiertes Lernen könnte auch ohne die Metaphern der Naturwelt wirken, aber es verlöre etwas von seinem spirituellen Anstoß; es wäre unfähig, die Seelen der Teilnehmer in die gleiche Richtung zu dirigieren.

In gewissem Sinn haben die Symbole der Wildnis und der Natur die Lernerfahrung bei Outward Bound so durchdrungen, daß man behaupten könnte, der Kurs sei ein Versuch, ein Idealbild des Lebens nach den Lehren der Natur zu entwerfen. Mit diesem Versuch steht Outward Bound nicht allein da; in der Tat hat ein Großteil der Umweltbewegung des 20. Jahrhunderts nach einer Verbindung des privaten und öffentlichen Lebens mit einer Naturethik verlangt. Unter anderem hat Harry Beston versucht, diese mögliche Beziehung zwischen der menschlichen und der natürlichen Kultur zu beschreiben.

Welcher Haltung zur menschlichen Existenz Du auch immer für Dich den Vorzug gibst, wisse, daß sie nur dann etwas taugt, wenn sie der Spiegel einer Haltung zur Natur ist. Das menschliche Leben, das so oft mit einem Schauspiel auf der Bühne verglichen wurde, ist mit mehr Recht ein Ritual. Die altehrwürdigen Werte der Würde, Schönheit und Poesie, die das Leben aufrechterhalten, kommen aus der Inspiration der Natur; ihre Geburtsstätte ist das Wunder und die Schönheit der Erde. Entwürdige die Erde nicht, auf daß Du nicht den Geist des Menschen entwürdigst.

Strecke Deine Hände über die Erde aus wie über eine Flamme. Allen, die sie lieben, die ihr die Türen ihrer Herzen öffnen, schenkt sie von ihrer Kraft und stärkt sie mit ihrem eigenen maßlosen Beben dunklen Lebens. Berühre die Erde, liebe die Erde, ehre die Erde, ihre Ebenen, ihre Täler, ihre Berge und ihre Seen; laß Deinen Geist an ihren einsamen Orten zur Ruhe kommen. Denn die Geschenke des Lebens kommen von der Erde und sie sind allen geschenkt [1].

- -

[1] Harry Beston, zitiert nach Eliot Porter, The Place No One Knew (New York: Ballantine Books, 1963)

Wenn man die Verbindung zwischen Outward Bound und der Naturwelt untersucht, dann ist es wichtig, die Verbindung zur Natur bei Beston und Outward Bound vom Naturmystizismus zu unterscheiden. Die Kursleiter und Teilnehmer versuchen nicht, sich in der Natur zu verlieren; vielmehr zwingt sie die Auseinandersetzung mit der Wildnis dazu, an einer Dimension der Bedeutsamkeit und Authentizität teilzuhaben, die für gewöhnlich in der städtischen Kultur nicht verfügbar ist.

Das Schlußmotiv des Webstils in der Manier von Outward Bound scheint ebenfalls von der Natur beeinflußt worden zu sein, obwohl es in der westlichen Kultur ebenfalls tiefe Wurzeln hat. Es ist das Thema von Abenteuer und Sehnsucht. Immer wieder, Kurs um Kurs, werden die Teilnehmer dazu gedrängt, ein Risiko einzugehen, ihre Grenzen zu verschieben und das Leben voller und intensiver zu erleben. Im folgenden Zitat betrachtet James Ramsey Ullman das Bergsteigen als Symbol des menschlichen Trachtens nach den letzten Zielen des Lebens. Er hätte ebenso gut die Worte „Outward Bound" anstelle von „Bergsteigen" verwenden können. Auch Outward Bound streckt die Arme nach draußen und nach droben und greift nach dem Leben selbst.

Über und vor allem anderen ist die Geschichte des Bergsteigens eine Geschichte des Glaubens und der Bestätigung, (...) daß der hohe Weg der gute Weg ist; daß es unter uns immer noch solche gibt, die bereit sind, für wahrhaft ideale Ziele zu kämpfen und zu leiden; daß Sicherheit nicht das ein und alles im Leben ist; daß man in der Welt andere Kämpfe bestehen muß, als die gegen unsere Mitmenschen. Die Gipfel der Erde zu besteigen, meint an sich wenig. Aber daß die Menschen wünschen und versuchen, sie zu besteigen, das bedeutet alles. Denn es ist die letzte Weisheit der Berge, daß der Mensch niemals so sehr Mensch ist, als wenn er nach etwas strebt, das sich seinem Zugriff entzieht, und daß es keinen Kampf gibt, der es wert ist, gewonnen zu werden, außer dem gegen die eigene Ignoranz und Angst [2].

. . . .

2 James Ramsey Ullman, Age of Moutaineering (Philadelphia: Lippincott Press, 1941)

Anhang:
Eine kurze Einführung in den Lernprozeß
bei Outward Bound

Der Outward Bound Kurs soll eine erfahrungsorientierte Lernsituation bieten, die die Teilnehmer dazu auffordert, sich auf das Erforschen neuer oder ungewöhnlicher Bereiche in ihrem Leben einzulassen. Erfahrungsorientierte Pädagogik arbeitet außerhalb des Klassenzimmers; das Ziel besteht darin, die Teilnehmer Situationen auszusetzen, die ihnen erlauben, aus ihren Erfahrungen zu lernen.

Der Kurs sollte als kontinuierliches Fortschreiten durch Höhen und Tiefen betrachtet werden, das in der gemeinsamen Erregung über eine Hauptaktivität wie den Aufstieg auf einen Gipfel kulminiert, wogegen die Isolation und der Verzicht im Solo einen Kontrast bieten. Im Kursverlauf wechseln sich Phasen der intensiven Betroffenheit und der körperlichen Aktivität mit Phasen der Reflexion ab. Jede Kursphase sollte auf natürliche Weise in die nächste übergehen, und man sollte sich darum bemühen, daß die Teilnehmer jede Phase ganz sicher voll und ganz abgeschlossen haben.

Das Programm der Outward Bound Schule in Colorado vermittelt traditionelles Wissen und Fertigkeiten. Wir möchten, daß die Teilnehmer mit grundlegenden bergsteigerischen und camperischen Kenntnissen nach Hause fahren, und außerdem hoffen wir, daß die Teilnehmer:

- zu einem besseren Selbstverständnis gelangt sind,

- Fähigkeiten in Bezug auf Entscheidungsfindung und Problemlösung erworben haben,

- Bewußtsein und Wahrnehmungsfähigkeit für die natürliche Umwelt gewonnen haben,

- die Notwendigkeit der Zusammenarbeit mit anderen verstehen gelernt haben,

- die Gelegenheit, persönliche Werte und Überzeugungen zu entwickeln, bekommen haben und

- empfänglich für die Bedürfnisse der anderen geworden sind.

Der Kursleiter ist Führer, lebende Ressource, Lehrer, Berater und Freund. Es handelt sich um eine nicht-autoritäre Lehrmethode, die den Teilnehmern das Recht zugesteht, eigene Erfahrungen zu machen. Die Teilnehmer werden dort abgeholt, wo sie sind und es herrscht das Bestreben, sie für den Aufbruch zu neuen Zielen und zur Weiterentwicklung zu ermutigen. Die Teilnehmer sollten ihre eigenen Vorstellungen entwickeln und ihr Verhalten selbst einschätzen.

Die Erfahrung sollte nicht hart sein; sie besitzt Elemente der Anspannung und der Mühsal, aber diese sollten großzügig mit angenehmen Erlebnissen durchsetzt sein. Die Umwelt hat uns viel zu lehren: Harmonie, Rhythmus, Schönheit, Freude. Der Kursleiter bei Outward Bound muß den Teilnehmern dabei helfen, ihr Bewußtsein für diese Elemente zu steigern.

Geschichte

Der Ausdruck „outward bound" wurde ursprünglich von Seeleuten benutzt, um den Augenblick zu beschreiben, an dem ein Schiff seine Anker lichtet, um sich und seine Crew den unbekannten Wechselfällen und Abenteuern der offenen See auszusetzen. Die Idee zu den Outward Bound Schulen kam von dem in Deutschland geborenen Pädagogen Kurt Hahn, der 1941 in Aberdovey, Wales, die erste Outward Bound Schule gründete.

Hahn begann 1920 mit der Gründung der Schule Schloß Salem im deutschen Baden-Württemberg, pädagogische Programme zu entwickeln. Er versuchte dort, jungen Menschen moralische Unabhängigkeit, eine Fähigkeit, zwischen Recht und Unrecht zu unterscheiden, beizubringen und ihnen ein anhaltendes Streben nach Verbesserung ihrer Gesundheit durch harte körperliche Aktivitäten zu vermitteln. Dort arbeitete er bis 1933, bis er sich, seinen Überzeugungen folgend, öffentlich gegen Hitler wandte, verhaftet und ins Gefängnis gesteckt wurde. Nachdem einflußreiche Freunde seine Freilassung betrieben hatten, ging Hahn nach England, wo er zur Gründung einer Schule auf den Grundlagen der Schule Schloß Salem in Gordonstoun, Schottland, beitrug.

In all seinen pädagogischen Experimenten war Hahn weniger an den akademischen Leistungen seiner Schüler interessiert, als an ihren Haltungen, Bestrebungen und Wahrnehmungen; statt dessen richtete er seine Energien auf die Art von Menschen, die aus seinen Schulen hervorgehen würden. In seiner Wahrnehmung war die Jugend vom Niedergang der Fürsorge und Sorgfalt, von Mangel an Unternehmungsgeist und Abenteuer und vom Verlust des Mitgefühls geprägt. Er war überzeugt, daß es das „Ziel der Erziehung sei, die Menschen Erlebnissen auszusetzen, die wertbildend sind... (und) das Überleben der folgenden Qualitäten gewährleisten:

- eine unternehmungslustige Neugierde,

- eine unbezwingbare Geisteshaltung

- Beständigkeit im Streben

- Bereitschaft zu besonnener Selbstbeschränkung

- und vor allem Mitgefühl."

Außer von den theoretischen Lehrinhalten wurden seine Schüler von den körperlichen Anstrengungen des Sports, durch die Geduldsübungen bei handwerklichen Aufgaben und durch Expeditionen zu Land und zu Wasser gefordert.

Im Sommer des Jahres 1940, nach dem Beginn des Zweiten Weltkriegs, zog die Gordonstoun Schule nach Aberdovey in Wales um. Hahn, der finanzielle Hilfe benötigte, um seine Schule weiterführen zu können, wandte sich an Sir Lawrence Holt, den Präsidenten der Blue Funnel Schifffahrtsgesellschaft und langjährigen Bewunderer der Pädagogik von Gordonstoun. Der Kontakt kam in günstiger Zeit zustande. Holt mußte sich damit auseinandersetzen, daß viele seiner Seeleute in den Rettungsbooten starben. Obwohl es sich um ausgebildete Seeleute handelte, waren sie nicht darin geschult, auf der offenen See zu überleben, nachdem ihre Schiffe torpediert worden waren. Holt hatte den Eindruck, daß, um diese Situation aus der Welt zu schaffen, seine Männer der Art des erfahrungsorientierten Trainings bedürften, das die Basis für alle Outward Bound Schulen wurde.

Seither wurde das Konzept von Outward Bound in zweiunddreißig Schulen, in siebzehn Ländern, auf fünf Kontinenten etabliert. Die erste Outward Bound Schule in den vereinigten Staaten wurde 1961 in Colorado gegründet; gegenwärtig gibt es noch vier andere: In Voyageur, auf Hurricane Island, in North Carolina und Pacific Crest. Über 100 000 Leute haben in den USA einen Outward Bound Kurs abgeschlossen; die Outward Bound Schule in Colorado hat 33 000 ehemalige Schüler. 1961 machten hier einhundert Schüler einen Kurs; 1983 hatten sich über 3 300 Teilnehmer angemeldet.

Quellen:
Rohrs, H. und Tunstall-Behrens, H.: Kurt Hahn, London 1970
Steward, W.A.: „The Slackening Tide: The Thirties in Gordonstoun",
    1972 (Nachdruck von „Progressives And Radicals In English Education 1750 - 1970
    (COBS = Colorado Outward Bound School))
Templin, G. und Baldwin, P.: „The Evolution And Adaptation of Outward Bound 1920 - 1966",
    unveröffentlichtes Manuskript (COBS, 1976)

Die Ziele von Outward Bound

Hauptziele:

Die Begeisterung und das Verständnis für sich selbst, für andere und die Umwelt zu erweitern. Die zwischenmenschliche Kommunikation und Kooperation zu fördern.

1. Die Erfahrungen bei Outward Bound sind auf folgende Ziele gerichtet:

a) Persönlichkeitsentwicklung. Die Selbstwahrnehmung des Einzelnen zu stärken, indem man seine persönlichen Grenzen offenlegt, seine Bedürfnisse und Ziele klärt, ihm hilft, seine Rolle in der Gesellschaft zu erkennen und Verantwortung für sich und andere zu übernehmen. Spaß zu haben.

b) Soziale Kompetenz. Die Fähigkeit des Teilnehmers zur Empathie zu steigern, offene und effektive Kommunikation zu fördern und kooperative Beziehungen bei gemeinsamen Projekten, Problemen und Verantwortlichkeiten herzustellen.

c) Umweltbewußtsein. Das Verständnis des Teilnehmers für die zerbrechliche Natur unberührter Landschaften zu wecken und sein Verantwortungsgefühl für ihre Pflege und Bewahrung zu steigern.

d) Lernen. Ein Umfeld und eine Haltung entstehen lassen und aufrechterhalten, worin die Betonung auf der Erprobung und der Teilnahme an erfahrungsorientiertem Lernen liegt. Für Ausbildung in den Kenntnissen zu sorgen, die für das Leben und die Fortbewegung in den Bergen notwendig sind.

e) Werthaltungen. Für Situationen und Erlebnisse zu sorgen, in denen die Teilnehmer ihre persönlichen Werte erproben und verfeinern können und die sie dazu anregen, ihre grundlegenden Überzeugungen zu erforschen und zum Ausdruck zu bringen.

2. Die Pädagogischen Ziele werden durch folgende methodischen Komponenten erreicht:

a) Ausbildung in den praktischen Fertigkeiten. Solche Fähigkeiten entwickeln zu lassen, die es dem Einzelnen ermöglichen, sich in einer bestimmten natürlichen Umgebung kompetent und sicher zu verhalten, d.h. Erste Hilfe, Campen, elementares Bergsteigen.

b) Streß / Anstrengung. Die Teilnehmer herausfordernden Erfahrungen auszusetzen, die sie dazu bringen, ihre eigenen Reaktionen und Antworten in unbekannten Situationen zu erforschen, die Handlung oder Entscheidung verlangen. Z.B.: Abseilen, Felsklettern, Notfälle.

c) Problemlösung. Für Gelegenheiten zu sorgen, in denen die Einzelnen oder die Gruppe Situationen analysieren und zu Lösungen gelangen müssen, z.B. bei Initiativübungen, beim Wildnistrecking, bei der Notfallbergung.

d) Dienst. Ein Verantwortungsgefühl für andere und für die Umwelt entwickeln zu lassen, indem man Arbeitsprojekte, Rettungswacht und Arbeit mit Behinderten durchführt.

e) Reflexion. Die Einzelnen dazu zu bringen, sich durch Methoden, die neue Erkenntnisse bringen - z.B. Gruppendiskussion, Solo, Nachbesprechung -, über verschiedenen Lebensformen und Haltungen Gedanken zu machen.

f) Auswertung. Die Reaktionen des Einzelnen zu präzisieren, um zu kritischer Einschätzung und konstruktivem Handeln zu ermuntern, z.B. durch Einzelgespräche, Gruppendiskussion und Nachbesprechungen.

Kursdesign

Die Outward Bound Schulen in den Vereinigten Staaten sind darin übereinge-
kommen, daß es in jedem Outward Bound Standardkurs gewisse Grundele-
mente gibt. Die Outward Bound Schule in Colorado unterstützt eine nationale
Outward Bound Politik und entwickelte ihr Programm um die folgenden
Elemente:

1. **Trainingsphase.** Es handelt sich um eine Phase der Instruktion und der
   begrenzten Aktivität, die sicherstellen soll, daß die Teilnehmer körperlich fit
   und mit den Kenntnissen und Fertigkeiten vertraut sind, die man in Risikosituationen braucht. Sie ist auch dazu gedacht, sie mit den pädagogischen
   Zielen des Erlebens, der Politik der Schule, der Umweltverantwortung und
   den Sicherheitsvorkehrungen auf der Expedition vertraut zu machen. Wäh-
   renddessen fügen sie sich in eine Gruppe ein und werden zunehmend verantwortlich für deren Funktionieren und Überleben. Das ist die Phase, in
   der die Teilnehmer am empfänglichsten und bedürftigsten für team- und
   vertrauensbildende Maßnahmen sind. Hier sind die Kursleiter am unmittel-
   barsten mit dem Unterrichten und Supervidieren beschäftigt.

2. **Expeditionsphase.** Nachdem eine angemessene Einführung stattgefun-
   den hat, werden die Teilnehmer in eine Reihe von anspruchsvollen und
   aufregenden Aktivitäten verwickelt, wie Felsklettern, Gipfelbesteigung und
   Wildnistrecking ohne Kursleiter. Dies ist eine Zeit harter Arbeit und außer-
   ordentlicher Erlebnisse. Die zwischenmenschliche Kommunikation wird
   einfacher und wichtiger, während sich starke Beziehungen entwickeln
   und Konflikte auftreten. Die Betonung liegt darauf, den Teilnehmern so
   viel Entscheidungsverantwortung zu übertragen, wie sich mit den
   Sicherheitsanforderungen verbinden läßt.

3. **Solo.** Das Solo ist eine Phase der Isolation und der Reflexion, die bis zu
   drei Tage und Nächte dauert. Es ist eine Zeit der Entspannung und Einfachheit, die man mit einem Mindestmaß an Nahrung und Ausrüstung verbringt.
   Das Solo kann während der Expeditionsphase als Kontrasterfahrung stattfinden.

4. **Abschlußexpedition.** Während der dreitägigen Abschlußexpedition sind kleine Gruppen, die im allgemeinen nicht von einem Kursleiter begleitet werden, dafür verantwortlich, sicher an einen vorher bestimmten Ort zu gelangen. Die Route kann auch Aktivitäten wie Dienstprojekte und Heimatforschung beinhalten. Die Art und der Schwierigkeitsgrad der Abschlußkurse wird von den Mitarbeitern unter Berücksichtigung der Stärken und Interessen der Teilnehmer festgelegt. Die Teilnehmer der Abschlußkurse haben die Gelegenheit und die Notwendigkeit, ihre Ausbildung bei Outward Bound in die Praxis umzusetzen.

5. **Abschlußphase.** Das Ende jedes klassischen Kurses umfaßt normalerweise einen Marathonlauf oder eine ähnliche Aktivität von ausreichender Länge, um für alle Teilnehmer ein Höchstmaß an körperlicher und psychischer Herausforderung parat zu haben. Der letzte Kurstag sollte den Teilnehmern Zeit zum Entspannen, Reinigen und für die Vorbereitung zur Heimkehr geben. Und noch wichtiger ist es, daß jetzt die Wirkung des Kurses überprüft und den Teilnehmern und Mitarbeitern Gelegenheit geboten wird, einander Feedback zu geben. Mit ihren Gesprächen und Gruppennachbesprechungen spielen die Kursleiter eine herausragende Rolle, wenn es darum geht, den Kurs zu einem guten und zufriedenstellenden Ende zu bringen. [1]

----

[1] Das Material im Anhang stammt aus dem "Colorado Outward Bound Instructor's Manual".

Praktische Erlebnispädagogik

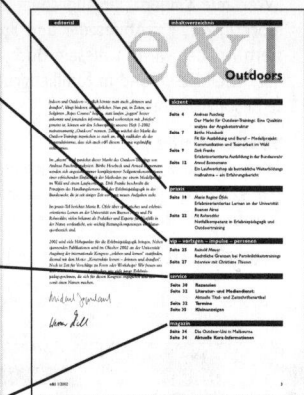